असग़र वजाहत का नाम उन भारतीय लेखकों में शुमार है जिन्होंने अनेक विधाओं में लेखन किया है। *जामिया-बीती*--जामिया मिल्लिया इस्लामिया पर केन्द्रित संस्मरण और इतिहास, उनकी नयी पुस्तक है। यह पुस्तक उनके समय के राष्ट्रीय आन्दोलन, राजनीतिक उथल-पुथल और विभाजन की त्रासदी के बीच मनुष्य के अन्तर्द्वन्दों को एक संस्मरण के रूप में पाठकों के समक्ष रखती है। यह संस्मरणात्मक शैली में उस समय के जामिया मिल्लिया इस्लामिया में चलने वाली गतिविधियों की एक तस्वीर बनाती है।

महात्मा गांधी और अन्य राष्ट्रीय नेताओं के सहयोग से बनी इस संस्था का इतिहास बहुत महत्त्वपूर्ण और गौरवशाली रहा है।

असग़र वजाहत के इस संस्मरण में जहाँ एक ओर तत्कालीन जामिया और वहाँ कार्यरत प्रोफ़ेसर मुजीब रिज़वी के साथ उनके सुलझे रिश्तों की दास्तान है, वहीं दूसरी ओर उससे भी कहीं अधिक यह उनकी मित्रता और बड़े फलक पर एक बेहतर से बेहतर होते जाते मनुष्य का चित्र हमारे सामने प्रस्तुत करता है। यह संस्मरण उस शिनाख़्त का एक लेखा- जोखा भी है जिसमें असग़र वजाहत ने राष्ट्रीय आन्दोलन के समय अपने वजूद को महसूस किया।

यह संस्मरण एक लेखक की दृष्टि से, अपने एक सौ वर्ष पूरे कर चुकी संस्था जामिया की राजनीति, उस समय की शिक्षा व्यवस्था और संघर्ष के दिनों को अपने तत्कालीन स्वरूप में दिखाने का प्रयास करता है। बल्कि ऐसा भी माना जाता है कि आज़ादी से पहले जामिया केवल शिक्षा संस्था ही नहीं थी बल्कि एक सामाजिक आन्दोलन था। शिक्षा के अलावा जामिया ने सामाजिक जीवन में हस्तक्षेप और भागीदारी के उद्देश्य से अध्यापकों और छात्रों की ट्रेनिंग के लिए ऐसे विभाग बनाये थे जिनकी आज भी कल्पना करना कठिन है। लेकिन बाद के दिनों में कट्टरपन्थियों ने जामिया मिल्लिया इस्लामिया को अपने नियन्त्रण में लेने की कोशिश की जबकि इसकी स्थापना राष्ट्रीयता की भावना से प्रेरित उदार मुसलमानों ने की थी।

यह वह समय भी हुआ करता था जब असग़र वजाहत जामिया की राजनीति में दिलचस्पी न लेते हुए कनाट प्लेस और कॉफ़ी हाउस में अपना समय बिताया करते थे। वे स्वयं को पूरी तरह से रचनात्मक बनाये रखने का हर सम्भव प्रयास किया करते थे।

अतीत की यह स्मृतियाँ जब एक संस्मरण के रूप में पाठकों के समक्ष आती हैं तो यह एक ऐसी अन्तर्दृष्टि से परिचय कराती हैं जो उस बीते कालखण्ड का भविष्य कहीं न कहीं दर्ज कर ही रही थीं।

वाणी प्रकाशन ग्रुप असग़र वजाहत की पुस्तक *जामिया-बीती* को पाठकों के समक्ष रखते हुए प्रसन्नता अनुभव कर रहा है।

जामिया-बीती

(जामिया मिल्लिया इस्लामिया पर केन्द्रित
संस्मरण और इतिहास)

असग़र वजाहत

वाणी
प्रकाशन

प्रकाशन के उत्कृष्टतम 62 वर्ष

पेपरबैक पहला संस्करण : 2025

vaniprakashan.com

वाणी प्रकाशन

4695, 21-ए, दरियागंज, नयी दिल्ली-110 002

फ़ोन : + 91 11 23273167, 23275710

शाखाएँ

अशोक राजपथ, पटना-800 004, बिहार

कॉफ़ी हाउस कैम्पस, महात्मा गांधी मार्ग, प्रयागराज-211 001, उत्तर प्रदेश

महात्मा गांधी अन्तरराष्ट्रीय हिन्दी विश्वविद्यालय, वर्धा-442 001, महाराष्ट्र

sales@vaniprakashan.in
vaniprakashan@gmail.com

JAMIA-BEETI
by Asghar Wajahat

ISBN : 978-93-6944-431-1
Memoirs/History

मूल्य : ₹ 295

जी.एस. ऑफ़सेट, दिल्ली-110 095 में मुद्रित

वाणी प्रकाशन का लोगो मक़बूल फ़िदा हुसैन की कूची से

कुछ कहने से पहले

'जामिया मिल्लिया इस्लामिया' एक केन्द्रीय विश्वविद्यालय है पर उसे उतनी ख्याति नहीं मिल पायी है जितनी मिलनी चाहिए थी। राष्ट्रीय आन्दोलन के दौरान महात्मा गांधी और अन्य राष्ट्रीय नेताओं के सहयोग से बनी इस संस्था का इतिहास बहुत महत्त्वपूर्ण है। मैंने सन् 1971 में यहाँ के हिन्दी विभाग में एक प्राध्यापक के रूप में काम शुरू किया था और सन् 2013 तक किसी–न–किसी रूप में इस संस्था से जुड़ा रहा। 'जामिया–बीती' कई प्रकार से जामिया के इतिहास और जामिया में बिताए मेरे समय को रेखांकित करती है। इसका एक उद्देश्य जामिया की गौरवशाली परम्परा का परिचय देना भी कहा जा सकता है। जामिया आज एक बड़ा विश्वविद्यालय है। पुस्तक के अन्त में जामिया के वर्तमान स्वरूप के सम्बन्ध में भी कुछ जानकारियाँ दी गयी हैं।

'जामिया–बीती' में मुजीब भाई *(प्रो. मुजीब रिज़वी)* के साथ बिताए चालीस सालों के आधार पर उनकी एक तस्वीर बनाने की कोशिश भी की है। यह तस्वीर उनके माध्यम से राष्ट्रीय आन्दोलन के कई पक्ष उद्घाटित करती हैं। मुजीब भाई एक शानदार इन्सान थे जिन्हें राष्ट्रीय आन्दोलन ने बनाया था। सादगी, सहजता, प्रेमभाव, मानवीयता, हिन्दू–मुस्लिम एकता के प्रति समर्पण, लोकतन्त्र और धर्मनिरपेक्षता में पूरी आस्था उनके व्यक्तित्व का आधार थे। मुजीब भाई के व्यक्तित्व को समझने के लिए 19वीं शताब्दी के चौथे दशक के इलाहाबाद में

जाने की ज़रूरत पड़ेगी। उस माहौल और उस शहर में ही उनके व्यक्तित्व का विकास हुआ था। आज़ादी के बाद वे अलीगढ़ आ गये थे। जहाँ उन्होंने युगीन परिपाटी से हट कर हिन्दी में एम.ए. किया था। जबकि यदि वे चाहते तो इतिहास, अंग्रेज़ी, उर्दू, फ़ारसी या राजनीति शास्त्र जैसे विषयों में भी एम. ए. कर सकते थे। मुजीब भाई जन्मजात स्कॉलर और अध्यापक थे। मध्यकाल के इतिहास और साहित्य पर उनकी गहरी नज़र थी। महाकवि तुलसीदास और मलिक मोहम्मद जायसी पर उनका काम बहुत महत्त्वपूर्ण है क्योंकि उन्होंने अपने शोध में फ़ारसी स्त्रियों को भी शामिल किया है। समाज और राजनीति में भी उनकी गहरी रूचि थी। हिन्दी साहित्य के बहुत से पक्षों पर उनके मौलिक विचार बहुत प्रभावित करते थे। कुल मिलाकर वे बहुत अच्छे इन्सान और बहुत अच्छे शोध कर्ता थे। प्रशानिक समस्याओं को भी सुलझाने में उनका जवाब न था। उन्होंने जामिया में बहुत बड़ी–बड़ी प्रशानिक ज़िम्मेदारियाँ निभाई थीं। 'हेड़ ऑफ़ दि डिपार्टमेंट' से लेकर वाइस–चान्सलर तक रहे थे। पर ऐसा नहीं है कि वे देवता थे। उनके अन्दर कुछ कमज़ोरियाँ भी थीं। लेकिन उनके गुण कमज़ोरियों पर बहुत भारी पड़ते थे। उनके माध्यम से एक युग को समझा जा सकता है। मुजीब भाई के अनुभव बहुत व्यापक थे। राष्ट्रीय आन्दोलन के एक नायक पण्डित सुन्दर लाल के निजी सचिव के रूप में उन्होंने बहुत कुछ देखा, सुना और किया था। वे अपने अनुभव साझा किया करते थे।

इस संस्मरण में मुजीब भाई के साथ अपने आप को भी खोजने की कोशिश की गयी है। मुजीब भाई के साथ बिताए सालों में मैं कैसा था? मैंने क्या किया था? पढ़ाने के प्रति मेरा क्या रवैया था? जामिया में मेरी ज़िन्दगी कैसे गुज़रती थी जैसे सवालों को उत्तर देने की कोशिश भी की है।

मुजीब भाई के साथ–साथ उन दूसरे लोगों का भी ज़िक्र है जो हिन्दी विभाग में काम करते थे। जामिया के दूसरे लोगों के बारे में भी

कुछ लिखा गया है जिनसे मेरा ताल्लुक रहा था। लेकिन मुख्य रूप से यह लम्बा संस्मरण जामिया, मुजीब भाई और मेरे ऊपर केंद्रित है।

'जामिया–बीती' का दूसरा भाग जामिया के इतिहास पर केन्द्रित कुछ झलकियों पर आधारित है। इसके माध्यम से जामिया का इतिहास बताने का प्रयास नहीं किया गया बल्कि वास्तव में यह जामिया का इतिहास है भी नहीं। इस भाग में केवल जामिया के इतिहास की कुछ झलकियाँ हैं। झलकियाँ प्रस्तुत करने के लिए विषय वस्तु को कुछ कथा जैसा बनाया गया है। रोचकता बनाये रखने के लिए कथा को घटनाओं के वर्तमान काल में लिखा गया है। मतलब यह कि जो कुछ घट रहा है उसे उसी समय पाठक देख रहा है। लेकिन इतिहास को कथा बनाते हुए इस बात का पूरा ध्यान रखा गया कि कोई बात तथ्यों से अलग न हो और कल्पना घटना के सत्य को प्रभावित न करे। झलकियाँ लिखने के लिए जामिया सम्बन्धी पुस्तक 'जामिया की कहानी' *(लेखक : अब्दुल ग़फ़्फ़ार मदहोली, प्रकाशक : नेशनल काउसिंल फॉर प्रमोशन ऑफ़ उर्दू लौंग्वेज, दिल्ली, 2004)* को आधार बनाया गया है। इसके अतिरिक्त जामिया पर लिखी गयी अन्य पुस्तकों से भी मदद ली गयी है। बेग़म अनीस किदवई की प्रसिद्ध पुस्तक 'आज़ादी की छाँव में' *(नेशनल बुक ट्रस्ट, इण्डिया, दिल्ली, हिन्दी अनुवाद, 2000)* से कुछ अंश उद्धरित किये गये हैं।

सन् 2020 में जामिया अपनी स्थापना के सौ वर्ष पूरे कर चुकी है। सौ वर्षों की इस यात्रा में जामिया ने बहुत लम्बा सफ़र तय किया है। आज जामिया एक सेंटल यूनिवर्सिटी है जिसे भारत सरकार से पूरी ग्राण्ट मिलती है। आज जामिया में सात फैक्लटी हैं जिसमे सोशल साइंस–एजुकेशन के संकाय क़ाफ़ी पुराने हैं। जामिया का मास कम्युनिकेशन सेंटर बहुत प्रतिष्ठित माना जाता है। इसके अतिरिक्त इंजीनियरिंग और डेण्ट्रेस्ट्री के कॉलेजों का भी अपना महत्त्व है। जामिया में बीस हजार से अधिक छात्र पढ़ते हैं और अध्यापकों की संख्या एक हजार के आसपास है। जामिया राष्ट्रीय और अन्तर्राष्ट्रीय

स्तर के कार्यक्रमों का आयोजन करती रहती है। लेकिन इस संस्मरण में जामिया के वर्तमान स्वरूप की चर्चा नहीं की गयी है। क्योंकि जामिया के वर्तमान के स्वरूप को जानने और समझने के अनेक मध्यम उपलब्ध हैं।

पुस्तक के अन्त में जामिया का तराना दिया गया है। अब तक मैंने जितने विश्वविद्यालयों के तराने या गीत सुने या पढ़े हैं उनमें सम्भवतः यह सबसे प्रभावशाली है। जामिया का ताराना एक विशेष महत्त्व रखता है। यह केवल एक तराना ही नहीं है बल्कि इसके माध्यम से जामिया के मूल्यों, सिद्धान्तों और चरित्र को समझा जा सकता है। यह बात दूसरी है कि आज़ादी के बाद जामिया में लगातार इतने परिवर्तन आ चुके हैं कि अब तराना भी अतीत की ग़ौरव गाथा ही बन गया है।

आशा है कि 'जामिया–बीती' के माध्यम से राष्ट्रीय आन्दोलन के शिक्षा सम्बन्धी संघर्ष को देखने समझने का मौका मिलेगा और कुछ ऐसे पक्ष सामने आयेंगे जिनकी जानकारी कम है। इस पुस्तक की पाण्डुलिपि को डॉ. हैदर अली ने कई बार पढ़ा है और अपने बहुमूल्य सुझाव दिए हैं। मैं इस सम्बन्ध में उनका आभारी हूँ।

–असग़र वजाहत

अनुक्रम

जामिया, मुजीब भाई और मैं

सन् 1968 में अलिगढ़ मुस्लिम विश्वविद्यालय से हिन्दी में एम.ए. करने के बाद इसकी सम्भावना थी कि मुझे विश्वविद्यालय में ही नौकरी मिल जाती लेकिन उन दिनों कुछ नया, बड़ा और महत्वपूर्ण काम करने की लगन थी। विश्वविद्यालय में अध्यापक बन जाना एक बहुत साधारण और नीरस काम लगता था। ये भी लगता था कि पढ़ाई के काम में न तो कोई नया पन है और न कोई चुनौती है। इसलिए किसी चुनौती भरे काम की तलाश थी और आख़िर कार पत्रकारिता का क्षेत्र ऐसा लगा। जहाँ नित नयी चुनौतियाँ हो सकती थी। यह तय कर लिया कि अब पत्रकारिता ही करनी है। अलीगढ़ से सामान उठाया और सीधा दिल्ली आ गया। मैं दिल्ली में किसी को न जानता था। मेरी जेब में लिंक और पैट्रियट समाचार समूह की मैंनेजिंग डॉरेक्टर श्रीमती अरुणा आसिफ अली के नाम प्रो. नूरूल हसन का एक सिफारशी पत्र था। अरुणा आसिफ अली ने मुझसे पूछा था कि हिन्दी में फर्स्ट क्लास एम.ए. पास अच्छा पत्रकार भी हो सकता है। उन्होंने कहा था क़ि वे उसी समय वहीं मेरा टैस्ट लेना चाहती हैं। उनके यह कहने पर मैंने सोचा था कि इतनी व्यस्त और महत्वपूर्ण महिला उसी समय अपने कमरे में टैस्ट लेने की बात कर रही हैं जो मेरी समझ में नहीं आ रहा। शायद वे मुझे डराना चाहती हैं या यह चाहती है कि मैं टैस्ट देने के लिए कुछ समय माँगू और वे समय दे दें। इस तरह नौकरी की बात आयी गयी हो जायेगी। दूसरी बात यह थी कि अगर वे टैस्ट लेती भी और मैं टैस्ट में फेल भी हो जाता तो

यह कोई नयी बात न होती। इसलिए मैंने उसी समय उन्हीं के कमरे में टैस्ट देने की हामी भर दी। अब उनके लिए समस्या पैदा हो गयी। उन्होंने एक परचे पर एक नाम लिखा और कहा कि आप इनके पास चले जाइये। ये आपका टैस्ट लेंगे। परचे पर गिरीश माथुर लिखा हुआ था। मैं कैबिनों के चक्कर लगाता गिरिश माथुर जी के कैबिन तक पहुँचा और उन्हें पर्चा दे दिया। गिरिश माथुर जी ने मुझसे पूछा कि यस का मतलब जानते हो? उसके बाद उन्होंने पूछा, नो का मतलब पता है? मैं उनके सवाल समझ नहीं पाया।' मैंने कहा, आप यस–नो का मतलब तो नहीं पूछ रहे हैं। आपका सवाल कुछ और जो मैं समझ नहीं पा रहा।' उन्होंने कहा, मैं यस–नो का मतलब ही पूछ रहा हूँ और अगर आपको इन दो शब्दों के अर्थ आते हैं तो आप पत्रकार बन जाने लायक भाषा जानते।' उनके यह कहने पर मेरी समझ में आया कि वे पत्रकारों के भाषा–ज्ञान पर व्यंग्य कर रहे हैं। उन्होंने परचे पर लिखा कि मेरा टैस्ट लिया गया और मैं पास हो गया। पर्चा लेकर मैं फिर अरूणा जी के पास गया। उन्होंने पर्चा देखकर कहा कि मैं तीन महीने बाद उनसे मिलूँ। मैं समझ गया कि ये टालने वाली बात है। सोचा गिरीश माथुर जी से मिलना चाहिए जिन्होंने यह यस और नो पूछ कर पास कर दिया है। मैं उनके पास फिर गया और बताया कि अरूणा जी कह रही हैं कि नौकरी के लिए मैं तीन महीने बाद आऊँ। उन्होंने कहा, अरूणा जी तो वैसे भी आपको नौकरी नहीं दे सकती। अख़बार में नौकरी देना तो मेरा काम है।' मैंने उनसे कहा तो मुझे नौकरी दे दीजिए। उन्होंने कहा मिल गयी। मैं बहुत ख़ुश और हैरान हुआ। मैंने कहा, सर कोई एपोन्टमेंट लैटर वैगराह मिलेगा।' उन्होंने कहा, नौकरी चाहिए या एपोन्टमेंट लैटर चाहिए?' उनमें से केवल एक ही चीज़ मिल सकती है। यह भी मेरे लिए एक रहस्य ही था। मैंने कहा, ठीक है तो नौकरी दे दीजिए।' उन्होंने फौरन हिन्दी पैट्रियट के सम्पादक को बुलाया और कहा, मुझे बैठने की जगह बतायी जाए।'

मैं अख़बार में काम करने लगा। दरअसल गिरीश माथुर जी ने कृपा पूर्वक मुझे केवल बैठने की जगह दी थी। मैं जितना काम करता

था। उतने काम के पैसे मिलते थे जो काफी कम हुआ करते थे। इसलिए धीरे–धीरे फ्री लासिंग शुरू कर दी, उस समय हिन्दी की जो बड़ी पत्रिकाएं दिल्ली से निकलती थी उनके लिए लिखा करता था। पर यह गाड़ी भी बहुत दूर तक न चली। पत्रकार बनने का सपना जल्दी ही टूट गया। मैं अपने घर फतेहपुर वापस चला गया। यह सोचा कि खेती–बाड़ी को रोज़गार का ज़रिया बनाना चाहिए। लेकिन ये भी न हो सका। वहाँ भी पाँव नहीं जमा सका। कुछ ऐसी स्थितियाँ बनीं कि सक्रिय राजनीति में आ गया।

इस बीच अलीगढ़ से प्रो. के. पी. सिंह की चिट्ठी आयी कि 'जामिया मिल्लिया इस्लामिया' *(डीम टु बी यूनीवर्सिटी)* के हिन्दी विभाग में एक लेक्चरर की ज़रूरत है और इस सम्बन्ध में मैं मुजीब रिज़वी साहब से जा कर मिलूँ। जिस समय मुझे यह चिट्ठी मिली मैं चुँगी का चुनाव लड़ रहा था और पूरी तरह राजनीति में जाने का इरादा था। सौभाग्य से मैं चुनाव एक घोसी से हार गया था क्योंकि चुनाव क्षेत्र में उसकी जाति के अधिक वोट थे। चुनाव में हारने के बाद कुछ ऐसे हालात बने कि नौकरी करने के लिए जामिया पहुँच गया। मैं मुजीब भाई के पास जब पहली बार गया तब वे क्लास ले रहे थे। क्लास के बाद उन्होंने मुझसे कहा–कहाँ लुप्त हो गये थे। अब तो पोस्ट 'एडवरटाइज़' हो गयी है। अब तुम्हें सेलेक्शन कमेटी फेस करना पड़ेगी।"

पहली मुलाक़ात में मुजीब भाई बुद्धिमान, सम्वेदनशील, सरल और सहज आदमी लगे थे। उनसे मिलने के बाद मैं अलीगढ़ चला गया था और वहाँ अपनी रिसर्च के काम में लग गया था।

मुजीब रिज़वी साहब से पहली मुलाक़ात का मेरे ऊपर काफी असर पड़ा था। उस ज़माने में रोज़ डायरी लिखा करता था। अचानक बहुत साल बाद पुरानी डायरियों में कहीं मुझे मुजीब रिज़वी साहब से पहली मुलाक़ात का ज़िक्र मिला। मैंने लिखा था कि नौकरी चाहे मिले गा न मिले लेकिन यह दिन मेरे जीवन में इसलिए यादगार रहेगा कि इस दिन मैं मुजीब रिज़वी साहब से मिला।

इन्टरव्यू देने के लिए मैं जामिया आया तो सीधा मुजीब भाई के घर चला गया। उन्होंने चाय–वाय पिलायी और कहा कि इन्टरव्यू में अगर मैंने प्रो. मोहम्मद मुजीब *(उस समय जामिया के उप–कुलपति, इतिहासकार और उर्दू साहित्य के प्रकाण्ड पण्डित)* के सवाल का जवाब दे दिया तो मुझे नौकरी मिलेगी और अगर नहीं दे सका तो नहीं मिलेगी।" मैं क्या कह सकता था।

इन्टरव्यू वी.सी. ऑफिस में होना था और हम दोनों एक साथ वी. सी. ऑफिस के लिए निकले। मैं मुजीब भाई के साथ–साथ चल रहा था, वे कुछ बता रहे थे। जब हम रजिस्ट्रार और वी.सी. ऑफिस के नज़दीक पहुँचने लगे तो मुजीब भाई ने धीरे से कहा–"तुम ज़रा पीछे हो जाओ।" मैं फौरन पीछे हट गया और ख्याल आया कि मैं इतनी बेवकूफी का काम क्यों कर रहा था। सेलेक्शन कमेटी में 'हैड ऑफ़ दी डिपार्टमेंट और कन्डीडेट' का साथ–साथ जाना कितना अशोभनीय और आपत्तिजनक लगता।

इन्टरव्यू में प्रो. मोहम्मद मुजीब ने मुझसे एक सवाल पूछा। उन्होंने कहा कि मैं प्रगतिशील हिन्दी–उर्दू कविता पर पी–एच.डी. कर रहा हूँ। मैं उन्हें किसी प्रगतिशील उर्दू कवि का कोई एक शे'र सुनाऊँ और वे मुझे उसी तरह का 'ग़ालिब' का शेर सुनायेंगे। तब मैं ये कैसे कह पाऊँगा कि 'ग़ालिब' प्रगतिशील कवि नहीं हैं।

मैं जानता था कि प्रो. मुजीब 'ग़ालिब' के विशेषज्ञ हैं और उन्होंने साहित्य अकादेमी के लिए 'ग़ालिब' पर एक पुस्तक भी लिखी है। ये भी सुनने में आ चुका था कि वे जब जर्मनी में पढ़ रहे थे तब उन्होंने वहाँ 'ग़ालिब' की कुछ ग़ज़लों का जर्मन में अनुवाद भी किया था और एक संस्था बनायी थी जिसका नाम 'शू शाइनर्स ऑफ़ ग़ालिब' था। यही वजह थी कि प्रो. मुजीब का सवाल मुझे बहुत टेढ़ा लगा था। मुझे विश्वास था कि मैं किसी भी प्रगतिशील शायर का जो भी शे'र सुनाऊँगा, प्रो. मुजीब मुझे वैसा ही या उससे मिलता–जुलता, 'ग़ालिब' का कोई शे'र सुना देंगे और फिर मुझसे पूछेंगे कि 'ग़ालिब' को मैं प्रगतिशील कवि क्यों नहीं मानता और मैं फँस जाऊँगा। मैंने प्रो. मुजीब

से कहा कि सर, मैं इस सवाल में थोड़ी—सी छूट चाहता हूँ...

—क्या छूट चाहते हो।" उन्होंने पूछा।

—क्या मैं कोई नज़्म सुना सकता हूँ?"

पता नहीं कैसे वे यह छूट देने को तैयार हो गये। मैंने उन्हें 15 अगस्त पर लिखी, फैज़ अहमद फैज़ की कविता 'आज़ादी' के कुछ अंश सुनाये और कहा कि अगर 'ग़ालिब' ने 15 अगस्त पर कुछ लिखा हो तो बताया जाए।

मेरी बात सुनने के बाद प्रो. मुजीब कहने लगे कि उन्हें उनके सवाल का जवाब मिल गया है। उन्होंने सेलेक्शन कमेटी के दूसरे सदस्यों से कहा कि अब वे जो सवाल चाहें, पूछें। कई सवाल पूछे गये और मैंने उनके सन्तोषजनक उत्तर दे दिए।

इन्टरव्यू देने के बाद मैं किसी चाय के ढाबे में बैठ गया था। मुजीब भाई ने कहा था कि मैं रात नौ बजे के करीब उनके घर आ कर उनसे मिलूँ। मैं जब उनसे मिला तो उन्होंने मुझे यह ख़ुश ख़बरी सुनाई कि मेरा सेलेक्शन हो गया। उनसे मिलने के बाद जब मैं बाहर निकला तब मुझे, 'ज़मीन पर पैर नहीं पड़ते'—मुहावरे का अर्थ समझ में आया।

जो लोग 'जामिया मिल्लिया इस्लामिया' के इतिहास और उसके उद्देश्यों से परिचित नहीं हैं वे जामिया को कोई बड़ा 'मदरसा' समझते हैं। उन्हें यह नहीं मालूम कि 'जामिया मिल्लिया इस्लामिया' की स्थापना *(1920)* में राष्ट्रीय आन्दोलन के दौरान महात्मा गांधी की प्रेरणा से हुई थी। और जामिया के पहले 'ट्रस्टी' महात्मा गांधी ही थे। राष्ट्रीय स्तर के अन्य कॉंग्रेसी नेता जैसे पं. जवाहरलाल नेहरु, डॉ. अंसारी, हक़ीम अज़मल ख़ाँ, सरोजनी नायडू आदि का जामिया से बड़ा गहरा सम्बन्ध था। असहयोग आन्दोलन के दौरान महात्मा गांधी ने 'अलीगढ़ मुस्लिम विश्वविद्यालय' में भाषण देते हुए अंग्रेज़ों द्वारा दी जाने वाली शिक्षा के बहिष्कार पर बल दिया था और राष्ट्रीय संस्थाएँ बनाने की बात कही थी। गांधी जी और अली बन्धूओं की

इस आवाज़ पर 'अलीगढ़ मुस्लिम विश्वविद्यालय' से कुछ छात्र और अध्यापक बाहर आ गये थे और उन्होंने 29 अक्टूबर, 1920 को 'जामिया' की नीव रखी थी। पाँच साल बाद हक़ीम अजमल ख़ाँ के सहयोग से जामिया अलीगढ़ से दिल्ली 'शिफ्ट' कर दी गयी थी।

महात्मा गांधी मानते थे कि राष्ट्रीय आन्दोलन को सशक्त बनाने के लिए ही कुछ नौजवानों ने अपने पूरे जीवन को दाँव पर लगा कर जामिया की स्थापना की है। गांधी जी बराबर जामिया आते रहते थे। जामिया के दिल्ली आ जाने के बाद गांधी जी के पहली बार जामिया आने का बड़ा दृश्यात्मक वर्णन अब्दुल ग़फ़्फ़ार मदहोली साहब ने अपनी किताब 'जामिया की कहानी' में किया है–"दिल्ली मुन्तक़िल होने के बाद गांधी जी जामिया में पहली दफ़ा तशरीफ़ लाए तो तोल्बा (छात्र) और असातेज़ा (अध्यापक) ने ख़द्दर के काम के लिए सत्तर रुपये की थैली नज़्र (भेंट) की और सिपासनामा (कृतज्ञता पत्र) पेश किया। आपके हमराह (साथ) मौलाना मोहम्मद अली, मौलाना शौक़त अली, हक़ीम अज़मल ख़ाँ, डॉ. अंसारी, सेठ जमना लाल बज़ाज और महादेव देसाई भी थे। डायस तक पहुँचने के लिए जो रास्ता बनाया गया था उसके दोनों तरफ़ क़तार (पंक्ति) में तोल्बा (छात्र) तकली चला रहे थे। गांधी जी ने हर एक के काम को ग़ौर से देखा और खुश हुए।"

जामिया आन्दोलन को समर्थन देने के कारण ही गांधी जी ने अपने बेटे देवदास गांधी को हिन्दी पढ़ाने और चरखे का काम सिखाने के लिए जामिया भेजा था। देवदास गांधी जामिया में हिन्दी के पहले अध्यापक थे। देवदास गांधी की याद को बनाये रखने के लिए पिछले कुछ वर्षों से जामिया के हिन्दी विभाग में देवदास गांधी व्याख्यान माला शुरू की है।

गांधी जी ने अपने पोते रसिक लाल को पढ़ने के लिए जामिया भेजा था। जब एक जान लेवा बीमारी के कारण जामिया में उसकी मृत्यु हुई तो गांधी जी जामिया आये थे और लड़कों को देखकर उन्होंने कहा था–"मेरा ग़म दूर करने के लिए ये बच्चे बहुत हैं।"

दिसम्बर 1971 में मैंने जामिया में पढ़ाना शुरू कर दिया था। चूँकि इससे पहले कभी कहीं नहीं पढ़ाया था इसलिए काफी डर था कि मैं ठीक से पढ़ा सकूँगा या नहीं। ठीक से पढ़ाने के लिए मैंने यह सोचा कि क्लास में दिये जाने वाले लेक्चर को अच्छी तरह रट डालूँ और फिर क्लास में जाकर उसे बोलना शुरू कर दूँ। ये तरीक़ा काम आया और धीरे–धीरे पढ़ाने का सिलसिला चल निकला। मुजीब भाई उस ज़माने में रीडर थे, 'हेड ऑफ़ दि डिपार्टमेंट' थे। उनके अलावा विभाग में दो और लेक्चरर थे। इनमें से एक का नाम श्याम स्वरूप शर्मा था और दूसरे का नाम राधेश्याम पाठक। दोनों अपने ढंग के निराले लोग थे। राधेश्याम पाठक कविताएँ लिखते थे। उन्होंने कविताएँ लिख कर दसियों मोटे–मोटे रजिस्टर भर दिये थे। आश्चर्य का विषय यह था कि उनकी कविता केवल जामिया की 'राजनीति' पर केन्द्रित हुआ करती थी। सुबह–सुबह स्टॉफ रूम में आते ही वे अपना रजिस्टर खोल लेते थे और कॉलेज में घटी किसी घटना पर अपनी नयी कविता सुनाते थे। कॉलेज की 'राजनीति' में मुख्य रूप से दो गुट थे। एक गुट प्रिंसिपल साहब का था जिसमें मुजीब भाई थे और दूसरा गुट अंसतुष्ट लोगों का गुट था। जिसमें पाठक जी थे। अंसतुष्ट गुट का कोई नेता न था।

पाठक जी लाजपत नगर में रहते थे। जहाँ से वे कम दाम पर कुछ सामान जैसे–साड़ियाँ और कपड़ा आदि खरीदकर ले आते थे। अपने थैले से निकाल कर यह सामान वे स्टॉफ रूम में रख देते थे। कभी–कभी कुछ लोग पाठक जी से साड़ियाँ और दीगर सामान खरीद भी लेते थे। पाठक जी हँस मुख आदमी थे। मज़ाक करना और हँसना–हँसाना उनकी आदत थी। वे जामिया कॉलेज में लेक्चरर होने से पहले जामिया हायर सेंकेडरी स्कूल में हिन्दी के अध्यापक थे। पाठक जी बहुत मिलन सार और सहृदय व्यक्ति थे।

सन् 1971 में जामिया की स्थिति बहुत अच्छी न थी। मतलब यह कि स्वर्णिम अतीत बीत चुका था। राष्ट्रीय आन्दोलन के आदर्श समाप्त हो चुके थे। जामिया को भारत सरकार से पूरी ग्राण्ड मिलती थी। लेकिन जामिया नये साँचे में ढल नहीं पायी थी। वह अतीत के

आदर्शों और वर्तमान के भ्रम में फँसी हुई थी। यही कारण था कि पुराने आदर्श टूट चुके थे और नये बन नहीं पाये थे। न तो उस समय अच्छी शिक्षा होती थी और न किसी दूसरे क्षेत्र में जामिया की कोई प्रतिष्ठा थी। अराजक छात्र आन्दोलन हुआ करते थे और हर साल हड़तालों का सिलसिला भी जारी रहता था। सेशन के शुरू होते ही लड़के एक–आध डी.टी.सी. की बस जला देते थे। यह माना जाने लगा था कि नये सेशन की शुरुआत उस समय तक नहीं हो सकती जब तक डी.टी.सी. की बस जल न जाए। जामिया पुराने कॉलेज के ढाँचे में फंसा हुआ था। प्रभावशाली और सत्ता में रहने वाले अध्यापक ये नहीं चाहते थे कि जामिया कॉलेज से विश्वविद्यालय के स्वरूप में परिवर्तित हो क्योंकि ऐसा होने से सत्ता में बने लोगों को हानि होती। प्रो. मुजीब बहुत विद्वान वाइस–चांसलर थे लेकिन उनसे नयी परिथतियों में काम नहीं हो पा रहा था और वे सत्ता से अलग भी नहीं हो रहे थे।

जामिया कॉलेज के कुछ अध्यापक ज़मीन बेचने और खरीदने के धंधे में लगे रहते थे। उनमें से कुछ ने इस कारोबार में बड़ा अच्छा पैसा कमाया था। एक–दो लोगों ने बाद में 'मैन पावर एक्सपोंट' का काम भी शुरू किया था। लेकिन अधिकतर अध्यापक पढ़ने और पढ़ाने तक ही सीमित थे। यह बात दूसरी है कि उस ज़माने में जामिया की पढ़ाई का स्तर बहुत 'लो' माना जाता था। आमतौर से वे छात्र जामिया में दाखिला लेते थे जिनको दिल्ली विश्वविद्यालय में प्रवेश नहीं मिल पाता था या आसपास के गाँव से वे छात्र आते थे जो केवल अच्छे परिवारों में शादी करने के लिए डिग्री लेना चाहते थे। यही वजह थी कि उस ज़माने में जामिया में लगातार छात्र आन्दोलन नहीं बल्कि छात्र उपद्रव हुआ करते थे। जामिया के सामने सड़क पर जब तक डी.टी.सी. की कोई बस न जले तब तक यह नहीं माना जाता था कि 'सेशन' शुरु हो गया है।

हिन्दी विभाग में दूसरे अध्यापक श्याम स्वरूप शर्मा जी हरियाणा के ब्राह्मण थे। उनका व्यक्तित्व और रूपरंग बहुत आकर्षक था। लेकिन बातचीत शुरू होने के बाद ही यह पता लग जाता था कि हिन्दी

साहित्य में उनकी पैंठ कितनी गहरी है। जामिया कॉलेज में लेक्चरर होने से पहले वे जामिया के 'रूलर इंस्टीट्यूट' में हिन्दी के अध्यापक थे। उनकी रूचि तन्त्र विद्या में थी। उनके घर में मनुष्य की खोपड़ी (स्कल) रखी रहा करती थी। वे कहते थे कि खोपड़ी का प्रयोग तन्त्र विद्या में किया जाता है। इसके अतिरिक्त वे किसी प्रकार की स्वयं सेवी संस्था में भी सक्रिय थे और जामिया के नजदीक स्थित 'होली फैमली अस्पताल' की नर्सों से भी उनकी मित्रता थी। शर्मा जी बहुत सज्जन और शालीन व्यक्ति थे। आमतौर से कुर्ता–पज़ामा पहनते थे जो उन पर बहुत फब्ता था। वे मुझे कभी–कभी चाय पिलाने अपने घर भी ले जाते थे। उनका घर कॉलेज के कैम्पस में ही था।

जामिया में नौकरी मिलने से पहले मैं आर. के. पुरम में अलीगढ़ के कुछ लड़कों के साथ ठहरा हुआ था। यह सरकारी फ़्लैट फजानवरों के सरकारी अस्पताल में काम करने वाले डॉक्टर को अलाउट हुआ था। दो कमरों वाले फ़्लैट का एक कमरा उसने सौ रुपये महीने पर दो–तीन लड़कों उठा दिया था। हम लोग 'घोड़ा डॉक्टर' को ख़ुश रखने के लिए डॉक्टर साहब–डॉक्टर साहब कहा करते थे और कभी–कभी वैसे ही झूठ–मूठ में कोई बीमारी बता कर उनसे दवा ले लिया करते थे। घोड़ा डॉक्टर के लिए यह बहुत बड़ी बात थी कि उनकी योग्यता से प्रभावित होकर आदमी भी उससे इलाज़ करवा रहे हैं। घोड़ा डॉक्टर की बूढ़ी माँ का दिमाग़ कुछ खिसका हुआ था। उसको यह पता लग गया था कि घोड़ा डॉक्टर ने फ़्लैट का एक कमरा मुसलमान लड़कों को उठा दिया है। इस बात से बुढ़िया बहुत दुःखी रहा करती थी और फ़्लैट के बरामदे में बैठ कर हम लोगों को कोसती रहती थी। घोड़ा डॉक्टर ने हमसे कह रखा था कि हम उसकी माँ की बातों पर ध्यान न दिया करें क्योंकि उसका दिमाग़ सही नहीं है। हम लोगों ने डॉक्टर साहब की बात पर पूरा विश्वास कर लिया था।

आर. के. पुरम से जामिया आना उन दिनों एक टेढ़ी खीर हुआ करती थी। बसों का हाल यह होता था कि उनमें तिल रखने की

जगह नहीं होती थी। रिंग रोड़ पर फट–फट सेवा चला करती थी। जिन पर बैठ कर आश्रम पहुँचता था।

सन् 1980 के आसपास दिल्ली की सड़कों से फट–फट सेवा गायब हो चुकी थी। फट–फट सेवा बहुत रोचक सवारी हुआ करती थी। द्वितीय विश्व युद्ध के बाद सेना ने हज़ारों मोटर–साइकिलों की नीलामी की थी। ये मोटर साइकिलें आज की मोटर साइकिलों की तुलना में कम–से–कम दुगनी बड़ी हुआ करती थी। दिल्ली के लोगों ने अपने जुगाड़ बुद्धि का इस्तेमाल करके इन मोटर साइकिलों के पीछे एक गाड़ी जैसी बना दी थी। जिसमें चार सीटें होती थीं। ये गाड़ी चारों तरफ़ से खुली होती थी। लेकिन ऊपर छत होती थी। बाद में कुछ फट–फट सेवा बनाने वालों ने डीज़ल के छोटे–छोटे इंजन भी लगा लिये थे। जिसके कारण फट–फट काला और गाड़ा धुँवा फेंका करते थे। फट–फट सेवा के रूट तय थे। सबसे बड़ी फट–फट सेवा कनाट प्लेस से चाँदनी चौक (फव्वारा) तक हुआ करती थी।

आर.के. पुरम से जामिया आने–जाने वाली तकलीफ़ से बचने के लिए मैंने ओखला गाँव में 80 रुपये महीने पर एक कमरा किराये पर ले लिया था। गाँव के एक नम्बर दार ने अपने घर के ऊपर तीन–चार कमरे बनवा कर किराये पर चढ़ा रखे थे। दूसरे कमरों में कुछ छात्र और स्कूल के अध्यापक रहते थे। कमरा किराये पर लेने के बाद जब मैं पहली रात कमरे में सोने के लिए आया था तो फर्श के सिवाय कमरे में कोई फ़र्नीचर न था। कोई विस्तर था, न कोई चादर थी, न तकिया था। मैंने कुछ अख़बार बिछा लिये थे और उन पर लेट गया था। यह देखकर अगले दिन पड़ोस के कमरे से किसी ने एक चटाई दे दी थी। कमरे में चूँकि कुछ न था इसलिए पहले से लगी कीलों में मैंने अपने कपड़े टाँग दिये थे। धीरे–धीरे चीज़ें जुड़ती गयी थीं और जीवन अपने ढ़र्रे पर आने लगा था।

उस समय तक जामिया कॉलेज में केवल बी. ए. ऑनर्स तक की पढ़ाई होती थी। यह जामिया का संक्रमण काल था। मतलब यह कि

पुराना सब कुछ टूट चुका था और नया नहीं बन पाया था। जामिया का वैभवशाली अतीत अब भी प्रभावित कर रहा था। जामिया में सबकी यह राय नहीं थी कि पुराने को छोड़कर जामिया नयी परिस्थितियों में नया रूप ले ले। इसकी वजह शायद यह थी कि जामिया का अतीत बहुत महान था और उस महानता से बाहर निकलकर साधारण बन जाना अच्छा नहीं समझा जा रहा था।

जामिया का ग़ौरवशाली अतीत क्या था इसकी जानकारी मुझे पुराने अध्यापकों और विशेष रूप से राधे श्याम पाठक जी से मिलती रहती थी। उन जानकारियों के आधार पर यह लगता था कि आज़ादी से पहले जामिया ज़रूर एक महान संस्था रही होगी। जामिया की चेतना का निर्माण आधुनिक उदारवादी मुस्लिम मानसिकता, राष्ट्रीय आन्दोलन, गांधीवाद, प्रयोगधर्मिता, साम्राज्यवाद विरोध, यूरोप के आधुनिक जीवन मूल्यों और शिक्षा पद्धति के मिश्रण से हुआ था। जामिया ने शिक्षा और जीवन के सम्बन्धों पर बहुत गहराई से विचार किया था और अपनी शिक्षा पद्धति को जीवन सापेक्ष और प्रयोगधर्मी बनाया था। इस कोशिश में सैंकड़ों लोगों ने अकथनीय त्याग किया था। इस त्याग के कुछ रोचक और महत्त्वपूर्ण प्रसंग जामिया के पुराने लोगों से ही सुनने को मिला करते थे।

पाठक जी बताया करते थे कि उस ज़माने में चन्दे से चलने वाली जामिया के पास पैसे की हमेशा कमी रहा करती थी। एक दिन क़साई अपने पैसे लेने जामिया के खजाँची के पास पहुँचा। वह हॉस्टल में गोश्त सप्लाई किया करता था। उसने खजाँची से कहा कि तीन महीने हो गये हैं अभी तक तुम लोगों ने मुझे एक पैसा नहीं दिया। आज मैं अपना पूरा पैसा वसूल करके जाऊँगा। खजाँची ने कहा कि देखो, खजाने में एक चवन्नी पड़ी है और वह भी खोटी। मैं तुम्हें उससे ज़्यादा कुछ नहीं दे सकता। अगर ज़्यादा बात करनी हो तो जाकिर साहब बैठे हैं उनसे जाकर बात करो।

संघर्ष के उन दिनों में भी ज़ाकिर साहब दिल्ली ही नहीं देश के बहुत सम्मानित लोगों में गिने जाते थे। उनकी बुद्धिमानी, त्याग और प्रतिद्धता का सर्वथा सम्मान होता था।

क़साई ज़ाकिर साहब के कमरे में घुसता चला गया और वहाँ ज़ाकर उसने ऊँची आवाज़ में अपने पैसों का तकाज़ा करना शुरू कर दिया। जाकिर साहब ने अपने सेकेट्ररी को बुलाया और उससे कहा–देखो, इनके पैसे तो हमें देने ही देने हैं। जामिया में पैसा नहीं है लेकिन ये मेरी ज़िम्मेदारी है कि मैं इनका कर्ज़ चुकाऊँ... देखो, ऐसा करो कि मेरी किताबें बेचने की कोशिश करो...जो पैसा आये उससे इनका हिसाब चुकता कर दो...अगर किताबों से इतना पैसा न आ सके...तो मेरे घर का फ़र्नीचर...नीलाम कर दो...उससे भी काम न चले तो घर... ।'

क़साई ये सब सुन रहा था और हैरान था। उसे यह भी लग रहा था कि यह सब क्या हो रहा है।

ज़ाकिर साहब ने अपनी बात जारी रखते हुए कहा

–और अगर फ़र्नीचर और घर बेचने से भी इतना पैसा न मिल सके तो... ।'

यह सब सुन कर क़साई की सिट्टी–पिट्टी गुम हो गयी। उसने सोचा अपने थोड़े से पैसों के लिए मैं इतने बड़े आदमी की किताबें, फ़र्नीचर और कपड़े नीलाम करा दूँगा तो लोग क्या कहेंगे। यह सोच कर वह बोला, नहीं–नहीं जी, इसकी ज़रूरत नहीं है...मैं बाद में ले लूँगा।'

ज़ाकिर साहब ने कहा–बाद में क्या हम आपका हिसाब अभी चुकाये देते हैं।' लेकिन क़साई इतना घबरा गया था कि उसने उनके हाथ जोड़े और कमरे से बाहर निकल गया।

हिन्दी विभाग के दो अन्य लेक्चरर इस बात से दुःखी रहा करते थे कि वे रीडर क्यों नहीं बन पाये जबकि जामिया में वे मुजीब भाई से सीनियर हैं। उनको प्रशासन ने यह बताया था कि चूँकि उन्हें बी.ए. स्तर की कक्षाओं को पढ़ाने का अनुभव नहीं था इसलिए वे रीडर नहीं

बनाये जा सके। पाठक जी ये कहते थे कि उन्हें तो हायर सेंकेड्री में पढ़ाने का अनुभव है। जिसके नाम के साथ ही 'हायर' जुड़ा हुआ है। इसलिए उनसे यह कैसे कहा जा सकता है कि उन्हें उच्च स्तर पर हिन्दी पढ़ाने का अनुभव नहीं है। शर्मा जी यह कहते थे कि वे 'रूरल स्टीट्यूट' में हिन्दी पढ़ाते थे। उन्हें ऊँची क्लासों को हिन्दी पढ़ाने का पर्याप्त अनुभव है। ये दोनों लोग जामिया प्रशासन को अपनी तरक्की सम्बन्धी दरख़ास्ते दिया करते थे जिसे मुजीब भाई आगे बढ़ा देते थे। पाठक जी और शर्मा जी के बीच विवाद का एक मुद्दा यह था कि विभाग में कौन सीनियर है। दोनों ही अपने को सीनियर मानते थे। दोनों ही ये भी कहते थे कि वे मुजीब भाई से सीनियर हैं और अध्यक्ष होने का अधिकार उन्हीं को है।

एक बार पता नहीं क्या हुआ कि शर्मा जी रजिस्ट्रार ऑफिस से एक चिट्ठी ले आये जिसमें यह लिखा था कि वे विभाग में सबसे सीनियर हैं और इसलिए उन्हें अध्यक्ष बनाया जाता है। उनकी अध्यक्षता को न तो मुजीब भाई ने स्वीकार किया और न पाठक जी ने। मैं और अशोक चक्रधर स्वीकार या अस्वीकार करने की स्थिति में नहीं थे। शर्मा जी हमारा समर्थन पक्का करने के लिए हमें अपने निवास पर चाय पिलाने और पकौड़े खिलाने ले जाते थे। शर्मा जी अच्छी मिठाई के भी बहुत शौकीन थे इसलिए उनके घर पर बेहतरीन मिठाई खाने का मौका भी मिलता था। मुहावरा है–'जिसका खायेगा उसकी बजायेगा।' हम लोग सम्भल–सम्भल कर शर्मा जी की 'विद्वता' का गुणगान किया करते थे।

इस दौरान पाठक जी ने रजिस्ट्रार ऑफिस के चक्कर लगाने शुरू कर दिये थे और पता नहीं क्या हुआ कि एक दिन वे वैसी ही चिट्ठी ले आये जैसी दो–तीन महीने पहले शर्मा जी को मिल गयी थी। अब शर्मा जी की वह स्थिति हो गयी जो पहले पाठक जी की थी।

एक दिन सुबह–सुबह पाठक जी आये तो उनके हाथ में एक थैला था। हम लोग समझे कि शायद बेचने आदि के लिए कुछ लायें हैं लेकिन विभाग के कमरे में आकर उन्होंने थैले में से गेंदे के फूलों की कई मालाएँ निकाली। एक माला उस कुर्सी पर डाल दी जिस

कुर्सी पर अध्यक्ष बैठा करता था। उन्होंने एक–एक माला मुझे और अशोक चक्रधर को पकड़ा दी और हमारे सामने अपनी गर्दन झुका दी जिसका सीधा अर्थ यह था कि हम उनके गले में मालाएँ डालें। हम दोनों इस मोटे इशारे को बड़ी आसानी से समझ गये और हमने उनके गले में मालाएँ डाल दी। पाठक जी ने हिन्दी भाषा, साहित्य आदि के सम्बन्ध में वैसा ही एक भाषण दिया जिसकी हम अपेक्षा करते थे। पाठक जी को हम लोगों ने साफ़–साफ़ बताया कि पुराने अध्यक्ष हम लोगों को चाय–वाय पिलाया करते थे। पाठक जी चूँकि जामिया से दूर लाजपत नगर में रहते थे इसलिए वे हमें लेकर मुल्ला की कैंटीन गये। उस ज़माने में मुल्ला की कैंटीन भी अज़ीब जगह हुआ करती थी। कैंटीन से ज़्यादा अजीब मुल्ला था। जिसकी यह विशेषता थी कि वह किसी को पैसे लौटाता नहीं था। चाय पीने वाला स्वयं यह हिसाब रखता था कि उसे अब क्या देना है।

शर्मा जी और पाठक जी की 'हेड शिपों' के बाद रजिस्ट्रार ऑफिस से एक पक्की चिट्ठी ऐसी आ गयी थी जिसके आधार पर यह खेल ख़त्म हो गया था और मुजीब भाई को हेड मान लिया गया था। इन दिनों विभाग को कुछ कमरे भी मिल गये थे और एम.ए. की कक्षाएँ भी शुरू हो गयी थी।

एक दिन कमरे पर लौट कर आया तो पता चला कि मेरे कमरे पर पुलिस ने छापा मारा था। दो–तीन लड़कों को जो जुआ खेल रहे थे पुलिस पकड़ कर कोतवाली ले गयी।

दरअसल मेरे कमरे में ये सब हुआ इसलिए था कि मैंने अपने कमरे की एक चाबी इन लड़कों को दे दी थी जो पास के दूसरे कमरों में रहा करते थे। लड़कों ने मुझसे कहा था कि मैं तो पूरे दिन कमरे में रहता नहीं। कमरा खाली पड़ा रहता है। अगर मैं उनको कमरे की चाबी दे दूँ तो वे उठ–बैठ लिया करेंगे। मैं लड़कों की चालाकी को समझ नहीं पाया था और मैंने उन्हें एक चाबी दे दी थी। लड़कों ने मेरे कमरे को कुछ सुरक्षित जानकर वहाँ जुआ खेलना शुरू कर दिया था।

दूसरी तरफ़ मालिक मकान ये चाहता था कि लड़के कमरा छोड़ कर चले जाए ताकि वह ऊँचे किराये में कमरों को उठा सके। मकान मालिक के दिमाग़ में लड़कों से कमरा खाली कराने का यह तरीक़ा आया कि वह ऐसा पुलिस के जरिए करा सकता है। मकान मालिक जानता था कि लड़के जुआ खेलते हैं। लड़के जब मेरे कमरे में जुआ खेल रहे थे तो मालिक मकान पुलिस लेकर आ गया था।

ऐसी हालत में मैंने यह ठीक समझा कि नम्बरदार का कमरा छोड़ दूँ। यह कमरा छोड़ कर मैं ओखला गाँव के एक छोटे से मकान में आ गया। उस मकान में एक कमरा, छोटा सा बरामदा, छोटा सा आँगन और लैट्रिन–बाथरूम था। इस मकान से मिला हुआ इसी तरह का एक दूसरा मकान भी था जिसमें कोई बंगाली परिवार रहता था। इस मकान में एक विशेष बात यह थी कि इसका दरवाज़ा पूरे–का–पूरा चौखट समेत उखड़ जाता था। मतलब यह कि ताला बन्द रहता था लेकिन दरवाज़ा हटाकर कोई भी जानकार अन्दर जा सकता था। इसलिए मैं कमरे में भी एक ताला लगाता था। पड़ोस के बंगाली परिवार में रहने वाला एक आठ–दस साल का लड़का अक्सर मेरे पास चला आता था। मैं उससे बातचीत करता था और कुछ खिला–पीला दिया करता था। एक दिन वह मुझसे यह कहकर सौ रुपये उधार ले गया था कि उसके अब्बा ने मँगाये हैं।

इस मकान में सब कुछ अच्छा चल रहा था कि एक दिन जब मैं लौट कर आया तो मैंने देखा वे कपड़े अलगनी पर सूख रहे हैं जिन्हें मैं बाल्टी में भिगो कर गया था। मुझे बड़ी हैरत हुई। कुछ देर बाद वह बंगाली लड़का आया तो मैंने उससे पूछा कि ये कपड़े किसने धोये हैं? उसने कहा कि बाजी ने कपड़े धोये हैं। यह सुनकर मैं थोड़ा घबरा गया कि लड़के की बहन ने आकर कपड़े धोये हैं। मुझे लगा कि यह कोई खतरे की घण्टी है और मुझे होशियार हो जाना चाहिए। मैं यह तय नहीं कर पा रहा था कि क्या करूँ। इसके बाद एक घटना और घट गयी। एक दोपहर में कमरे में सो रहा था कि अचानक मैंने देखा कि कोई कमरे के अन्दर आ गया है। मैं उठा तो सामने एक

लड़की खड़ी थी। जो मुझे देखकर खिलखिला कर हँसी और फिर भाग गयी। मैं और अधिक डर गया। कुछ देर बाद लड़का आया तो मैंने उससे कहा कि मैं यह मकान छोड़ कर कहीं और चला जाऊँगा। मेरी बात सुनते ही लड़का तेज़ी से उठा और अपने घर चला गया। कुछ देर बाद लड़का लौटा और बोला–'बाजी कह रही हैं, देखें यह मकान छोड़कर वे कैसे जाते हैं।'

अब तो मुझे यह लगा कि मामला बिल्कुल साफ़ है। मैं यह कमरा छोड़ कर जब जाने लगूँगा तब ये लड़की और उसका परिवार शोर मचायेंगे की ये आदमी हमारी लड़की के साथ ऐसा–ऐसा करके भाग रहा है। लड़की उसके भाई और पिता तीनों के व्यवहार से साफ़ ज़ाहिर था कि वे पूरे मामले को बहुत गम्भीर बना देंगे।

ओखला गाँव में ही अंग्रेज़ी के एक लेक्चरर आफ़ाक साहब अपने परिवार के साथ रहा करते थे। मुझे यह मालूम था कि वे अपने घर का एक कमरा किराये पर उठाना चाहते हैं। मैंने उनसे बातचीत कर ली। उन्हें लड़की वाले प्रसंग की पूरी जानकारी दे दी और कहा कि मैं रात में आपके यहाँ शिफ्ट हो जाऊँगा। उन्होंने मुझे कमरे की चाबी दे दी और उन्होंने कहा कि रात में जब चाहो आ सकते हो।

मैंने सोचा बारह–एक बजे रात जब बिल्कुल सन्नाटा हो जाता है और सब सो जाते हैं तब मैं घर से निकलूँगा। उस ज़माने में सामान भी इतना हुआ करता था कि एक चादर में आराम से बाँधा जा सकता था। मैंने गट्ठा तैयार कर लिया और बारह–एक बजने का इन्तज़ार करने लगा। फिर मुझे ध्यान आया कि गाँव में कुत्ते बहुत हैं और रात में पीठ पर गट्ठर लाद कर जाते मुझे कुत्ते देखेंगे तो घेर लेंगे, भौंकगे और इधर–उधर सोते लोग उठ जायेंगे। हो सकता है बंगाली परिवार भी उठ जाए। कुत्तों से बचने के लिए मैंने कहीं से एक डण्डे का बन्दोबस्त कर लिया और एक बजे रात को गट्ठर लादे, अँधेरी गलियों से गुज़रता, कुत्तों को डण्डा दिखाता, हाँपता–काँपता आफ़ाक साहब के यहाँ पहुँचा।

यह तीन मंज़िला इमारत ओखला गाँव में नयी बनी थी और उस

ज़माने में शायद सबसे अच्छी और ऊँची इमारत थी। इसके ग्राउण्ड फ़्लोर में दो कमरे थे जिसमें से एक छोटा कमरा आफ़ाक साहब ने मुझे दे दिया था। पूरे मकान का किराया 250/— रुपया था और मैं आधा किराया दिया करता था। यहाँ मैं बहुत साल रहा। आफ़ाक साहब के चले जाने के बाद पूरा मकान ही मैंने ले लिया था।

कुछ साल के बाद प्रो. मोहम्मद मुजीब वाइस चांसलर पद से हट गये थे और उनकी जगह प्रो. यूसुफ हुसैन, डॉ. जाकिर हुसैन के छोटे भाई वाइस चांसलर बना दिये गये थे। उन्होंने तेज़ी से जामिया को नये रंग में ढालने का काम शुरू कर दिया था। लेकिन ज़मीनी सतह पर जामिया वैसे ही थी।

मुजीब भाई 'हेड ऑफ़ दि डिपार्टमेंट' थे। चूँकि जामिया कॉलेज के अन्दर नये—नये विभाग बनाये गये थे। इसलिए अभी तक हिन्दी विभाग को कोई जगह नहीं मिल पायी थी। इसलिए विभाग का पूरा दफ़्तर मुजीब भाई के थैले में ही हुआ करता था। जल्दी ही मुझे यह पता लग गया था कि मुजीब भाई बहुत दोस्त क़िस्म के इन्सान हैं। ऊँच—नीच और भेद भाव से बिल्कुल पाक हैं। जामिया की पुरानी तहज़ीब में रचे बसे हैं। सब लोग एक बड़े स्टॉफ रूम में बैठते थे। यहाँ स्टॉफ को पानी वग़ैरह पिलाने का काम एक बहुत सिनियर चपरासी सिद्दीक़ मियाँ किया करते थे। उनके बारे में कहा जाता था कि वे डॉ. जाकिर हुसैन के ज़माने के हैं। उनकी सब बहुत इ़ज़्ज़त करते थे। मुझे याद है गर्मियों के दिनों में जब मुजीब भाई को प्यास लगती थी तो वो सिद्दीक मियाँ से सीधे—सीधे यह नहीं कहते थे कि मुझे पानी पिला दीजिए प्यास लग रही है। मुजीब भाई उनके सामने कहते थे—भई आज गर्मी बहुत है, गला बिल्कुल सूख रहा है। यह सुनते ही वे मुजीब भाई के लिए पानी ले आते थे।

कभी—कभी शाम को मैं मुजीब भाई के घर चला जाता था। उनसे हमेशा समाजी हालात, रियासत या पढ़ाई—लिखाई की बातचीत होती थी। मैंने उन्हें कभी किसी की बुराई करते हुए नहीं सुना। उनके

पास बहुत लम्बा तजुर्बा था। इलाहाबाद में उनकी जान–पहचान और दोस्ती बड़े–बड़े लेखकों से लेकर राष्ट्रीय स्तर के नेताओं तक से थी। वे आनन्द भवन के बारे में जो कुछ बताते थे उससे यह साफ़ पता चलता था कि आनन्द भवन में भी उनका आना–जाना था। उस ज़माने में मुजीब भाई कहानियाँ लिखा करते थे। उन्होंने अपना एक कहानी–संग्रह भी दिखाया था जिसके फ़्लैप पर उस समय के बहुत प्रसिद्ध साहित्यकारों और आलोचकों की टिप्पणियाँ छपी थीं। भैरव प्रसाद गुप्त, मार्कण्डेय, अमृत राय जैसे लेखकों ने उनकी कहानियों की बहुत प्रशंसा की थी। पता नहीं क्यों उन्होंने बाद में कहानियाँ लिखना छोड़ दिया था।

उन दिनों मुजीब भाई सिगार पिया करते थे। सिगार ओखला में नहीं मिलते थे। कनाट प्लेस में एक दुकान थी जहाँ सिगार मिलते थे। मैं चूँकि लगभग हर शाम कॉफ़ी हाउस जाया करता था। इसलिए मुजीब भाई मुझसे सिगार मँगवाते थे। सिगार मँगवाने से पहले पूरे पैसे दे दिया करते थे। मतलब ये कि कभी उन्होंने बग़ैर पैसे दिये हुए ये नहीं कहा कि मेरे लिए सिगार लेते आना मैं बाद में पैसे दे दूँगा।

अख़बार सब लोग पढ़ते हैं लेकिन अख़बार की ख़बरों के आगे आने वाली घटनाओं का अन्दाज़ा बहुत कम लोगों को हो पाता है। मुजीब भाई को भारतीय राजनीति और समाज से सिर्फ गहरी दिलचस्पी ही न थी और वे न केवल उनकी व्याख्या और विशेषण करते थे बल्कि उन्हें बहुत छोटी ख़बरों की पूरी गम्भीरता का अन्दाज़ा हो जाता था। शाह बानो का केस भारतीय राजनीति में एक बहुत बड़ा मुद्दा बन जाने से कुछ साल पहले यह ख़बर अख़बार के किसी कोने में छपी थी और इसे पढ़कर लोगों ने कोई महत्त्व नहीं दिया था। मुजीब भाई ने भी ये ख़बर पढ़ी थी और कहा था कि ये छोटी ख़बर नहीं है। आगे चलकर यह एक बहुत बड़ी रास्ट्रीय स्तर की समस्या का रूप ले लेगी। उस वक़्त मुझे लगा था कि मुजीब भाई सिर्फ अटकलें लगा

रहे हैं लेकिन जैसे–जैसे समय गुज़रता गया उनकी बात सही सिद्ध होती चली गयी।

मुजीब भाई की बातचीत से ये पता लगता था कि उनका वैचारिक झुकाव वामपन्थ की तरफ़ है। मुम्बई वाले कम्युनिस्ट कम्यून के बारे में भी वे बहुत विस्तार से चर्चा करते थे। वामपन्थी विचार धारा से निकट होते हुए भी वे भारत की वामपन्थी राजनीति के कड़े आलोचक थे। उनके विचार से वामपन्थी राजनीति को भारतीय परिस्थितियों और संस्कृति के अनुसार अपनी कार्य पद्धति तय करनी चाहिए थी। इस सिलसिले में वे महापण्ड़ित राहुल सांकृत्यायन का उदाहरण दिया करते थे। वे कम्युनिस्ट पार्टी की समझ और शैली को बहुत यान्त्रिक मानते थे।

मुजीब भाई पुरानी जामिया के बड़े प्रसंशक थे। वे पुरानी जामिया और उसकी प्रयोग धर्मिता के बारे में एक रोचक घटना बताया करते थे। इस घटना को मैंने जामिया पर लिखी दूसरी किताबों से भी कन्फ़र्म करना चाहा। लेकिन इस घटना का उल्लेख कहीं मिलता नहीं। हो सकता है यह मुजीब भाई की कल्पना हो, लेकिन अगर यह कल्पना है तब भी कितनी खूबसूरत कल्पना है। क़िस्सा यह है कि एक बार यह सोचा गया कि जामिया के 'कानवोकेशन' में हर वर्ष किसी बुद्धिजीवी या राष्ट्रीय नेता आदि को बुलाया जाता है। समाज में दूसरे लोग भी हैं जो अपने–अपने क्षेत्रों में महत्त्वपूर्ण काम कर रहे हैं। उन लोगों को 'कानवोकेशन' में मुख्य अतिथि के रूप में क्यों नहीं बुलाया जाए। बात होते–होते गुलाम मोहम्मद उर्फ़ गामा पहलवान (1878–1960) पर आ गयी। उस ज़माने में गामा पहलवान का बड़ा चर्चा था। उन्होंने सन् 1910 में लन्दन जाकर इंग्लैंड के किसी भी पहलवान को तीस मिनट के अन्दर चित कर देने की चुनौती दी थी। उनकी चुनौती को 'बेनजामिन रोलर' ने स्वीकार किया था जिसे गामा ने एक मिनट चालीस सेंकेड में चित कर दिया था। और इस तरह गामा पहलवान राष्ट्रीय अस्मिता के एक प्रतीक बन गये थे।

गामा पहलवान को कान्वोकेशन का मुख्य अतिथि बना कर बुलाया

गया था। वे आये थे। भव्य, औपचारिक और गरिमामय कान्वोकेशन में गाउन पहने एकेडिमिक प्रोसेशन के साथ चलते हुए मंच पर आकर अपनी कुर्सी पर बैठ गये थे। उनसे जब भाषण देने के लिए कहा गया था तो वो पत्ते की तरह काँप रहे थे। उन्होंने सिर्फ इतना कहा था कि मैं बड़े–बड़े से पहलवान को चित कर सकता हूँ लेकिन बोल नहीं सकता।' यह कह कर वे बैठ गये थे और उनकी ईमानदार अभिव्यक्ति पर पांच मिनट तक तालियाँ बजती रही थीं।

तय पाया कि 'कानवोकेशन' में मुख्य अतिथि के रूप में गामा पहलवान को बुलाना चाहिए। गामा पहलवान आये। उनको मुख्य अतिथि का गाउन वग़ैरा पहनाया गया। दो–तीन हज़ार लोग पण्डाल में मौजूद थे। पूरा मंच सज़ा हुआ था। गम्भीरता और विद्वता का वातावरण था। एकेडेमिक प्रोसेशन के साथ गाउन वग़ैरह पहने गामा पहलवान पण्डाल में आये। सब मंच पर जाकर बैठ गये और 'कानवोकेशन' की कार्यवाही शुरू हुई। जब गामा पहलवान भाषण देने खड़े हुए तब वे पत्ते की तरह काँप रहे थे। उन्होंने कहा–"मैं दुनिया के बड़े–से–बड़े पहलवान को चित कर सकता हूँ लेकिन बोल नहीं सकता।" इतना कह कर गामा पहलवान अपनी सीट पर आ कर बैठ गये लेकिन उनके इस भाषण पर पाँच मिनट तक तालियाँ बजती रहीं।

जामिया का अलीगढ़ से विद्रोह केवल अंग्रेज़ों द्वारा दी जाने वाली शिक्षा का ही विरोध नहीं था बल्कि मुस्लिम सामन्तशाही का विरोध भी था जो उस ज़माने में बहुत शक्तिशाली थी। चन्दे से संस्था चलाना और वह भी अंग्रेज़ी सरकार की विरोधी संस्था चलाना कितना कठिन रहा होगा, इसका अनुमान लगाया जा सकता है। उस्तादों और जामिया के दूसरे कर्मचारियों को कई–कई महीने वेतन नहीं मिल पाता था। लोग बताया करते थे कि जाकिर साहब की एक आँख भी पैसे के अभाव में ऑपरेशन न करा पाने की वजह में खराब हो गयी थी।

अलीगढ़ से दिल्ली आने के बाद जामिया करोल बाग़ की कोठियों में थी। यहीं पढ़ाई होती थी और यहीं खपरैल के घरों में अध्यापक रहा करते थे। अध्यापकों की कोई श्रेणी न थी। वाइस चांसलर से लेकर छोटे– से–छोटे अध्यापक तक को उस्ताद कहा और माना जाता था। किसी तरह के वेतनमान नहीं थे। अध्यापकों और कर्मचारियों को आवश्यकता के अनुसार वेतन मिला करता था। नियुक्ति करने के बाद अध्यापक से पूछा जाता था कि उसकी ज़िम्मेदारियाँ क्या हैं और उसी हिसाब से उसे वेतन दिया जाता था। इस सम्बन्ध में एक रोचक बात यह है, एक क्रिश्चन अध्यापक, ई. जे. कैलाट (1871–1951) की नियुक्ति के बाद उनसे पूछा गया था कि उनके क्या–क्या ख़र्चे हैं ताकि उसी हिसाब से उनका वेतन तय किया जाए। कैलाट साहब ने दीगर ख़र्चों के आलावा बताया कि वे रोज़ शाम को विस्की पीते हैं जिसमें इतना–इतना पैसा ख़र्च होता है। सेलेक्शन कमेटी ने विस्की के ख़र्चों को मिलाकर जब हिसाब लगाया तो पता चला कैलाट साहब का वेतन इतना ज़्यादा हो गया है कि वह दिया ही नहीं जा सकेगा। ऐसी स्थिति में सेलेक्शन कमेटी ने यह माना कि नियमानुसार कैलाट साहब को उतना वेतन मिलना चाहिए जितना जोड़ा गया है लेकिन चूँकि जामिया के पास उतना पैसा नहीं है इसलिए उतना वेतन नहीं मिल सकेगा। कैलाट साहब ने इस स्थिति को स्वीकार कर लिया था और यह कहा था कि वे विस्की के लिए अपना पैसा खर्च करेंगे। कैलाट साहब पूरे जीवन जामिया में रहे। वे अंग्रेज़ी और स्पोर्ट्स के टीचर रहे।

यह आश्चर्य की बात है कि इस्लामी संस्था होने के बाद भी जामिया बहुत उदार थी। आज भी नर्सरी से लेकर पी–एच. डी. तक जामिया में को–ऐजूकेशन है। यह बड़े महत्त्व की बात है। जामिया में हिन्दू छात्रों के लिए हिन्दू धर्म शास्त्र पढ़ने की सुविधा है। बी.ए. में जो छात्र एडमिशन लेता है उसके लिए हिन्दू धर्म शास्त्र या मुस्लिम धर्म शास्त्र या भारतीय संस्कृति और सभ्यता का एक प्रश्नपत्र अनितार्य होता है।

जैसा कि मैंने ऊपर लिखा है, मैं जब यहाँ आया तो यह जामिया का संक्रमण काल था। कॉलेज के ढ़ाँचे से निकल कर विश्वविद्यालय के ढाँचे में ढ़लने की प्रक्रिया शुरू हो चुकी थी। मुजीब भाई 'हैड ऑफ़ दि डिपार्टमेंट' थे लेकिन उनका कोई ऑफिस न था। विभाग सम्बन्धी सभी काग़जात उनके थैले में रहा करते थे। सभी लोग स्टॉफ रूम में बैठते थे। यह इस प्रकार से बहुत अच्छा था कि सभी विषय के लोगों की आपस में मुलाक़ात हो जाती थी और कभी–कभार 'इण्टर डिसेप्लनरी' बातचीत हो जाया करती थी।

मुजीब भाई जैसा हेड न मैंने पहले देखा था और न बाद में देखा। कहीं से लगता ही न था कि वे हेड हैं। डिपार्टमेन्ट का पूरा काम इतनी सरलता और सहजता से चलता था कि पता भी न चलता था कि कोई किसी को किसी तरह का आदेश दे रहा है। मीटिंगों में पेपर पढ़ाने को लेकर बातचीत होती थी। जब सब लोग अपनी–अपनी पसन्द के पेपर चुन लेते थे। मतलब जो पेपर कोई न पढ़ाना चाहता था वे मुजीब भाई पढ़ाते थे। उन्हें पढ़ाने से इश्क़ था। उन्हें पढ़ाने में जितना मज़ा आता था उतना शायद ही और किसी चीज़ में आता होगा। वे घण्टों 'एक्स्ट्रा' क्लास ले सकते थे। एक अकेला लड़का या लड़की भी उनका दिमाग़ जितना चाहे चाट सकता था। कभी यह न कहते थे कि मेरे पास टाइम नहीं है, कल आना। इम्तिहान आने से पहले डिपार्टमेन्ट की मीटिंग होती थी। सब बताते थे कि कोर्स कितना पढ़ा दिया गया है और कितना बचा है। जिन लोगों को कोर्स पूरा नहीं होता था उन्हें मुजीब भाई कुछ न कहते थे बल्कि उनके कोर्स को पूरा करने की ज़िम्मेदारी ले लेते थे। छात्रों के साथ उनके सम्बन्ध हमेशा दोस्ताना रहते थे। किसी को डिबेट की तैयारी करना है तो वह सीधे मुजीब भाई के पास चला आता था। किसी को कोई पेपर लिखना है तो वह मुजीब भाई से सलाह लेता था। किसी को कोई तकलीफ़ या परेशानी है तो मुजीब भाई का दरवाज़ा खटखटाता था।

शाम को अक्सर मुजीब भाई के घर चला जाता था और साहित्य समाज और राजनीति पर बातचीत होती थी। वे जामिया की राजनीति

में बहुत प्रमुख थे लेकिन मुझसे कभी जामिया की राजनीति के सम्बन्ध में बातचीत नहीं करते थे। वे अपने बारे में भी कम बताते थे लेकिन बहुत लम्बे समय तक साथ काम करने के कारण अक्सर कभी–कभी उनके अतीत की झलकियाँ मिल जाती थीं।

मुजीब भाई इलाहाबाद की 'चायल तहसील' के बिसौना गाँव के थे। उनकी पढ़ाई इलाहाबाद में हुई थी। वे जब कॉलेज में थे तो एक ऐसी घटना घटी जिसने उनकी ज़िन्दगी को एक नया मोड़ दे दिया। राष्ट्रीय आन्दोलन के दिन थे। गांधी जी के नेतृत्व में पूरा देश आज़ादी के संघर्ष में लगा हुआ था। भगत सिंह और राज गुरु आदि को फाँसी पर चढ़ा दिया गया था। पूरे देश में ब्रिटिश सरकार भयानक अत्याचार कर रही थी। इन्हीं दिनों इलाहाबाद में प्रसिद्ध स्वतन्त्रता सेनानी और विद्वान पण्ड़ित सुन्दर लाल आये हुए थे। मुजीब भाई उनसे मिलने गये। पण्ड़ित जी ने उनसे पूछा, तुम क्या कर रहे हो तो इन्होंने कहा–बी.ए. का इम्तिहान दे रहा हूँ।' जवाब में पण्ड़ित जी ने कहा–हाँ अब इससे बड़ा काम तो देश में बचा ही नहीं।'

यह बात युवा मुजीब भाई के दिल को लग गयी। अगले दिन वे अपने सारे सार्टिफिकेट, मार्कशीट आदि लेकर पण्ड़ित सुन्दर लाल के पास पहुँचे और उनके सामने अपने सारे सार्टिफिकेट, मार्कशीट फाड़ डाले और कहा–अब बताइये मैं क्या करूँ।' पण्ड़ित जी ने मुजीब भाई से कहा कि तुम मेरे साथ काम करो और मुजीब भाई घर और पढ़ाई छोड़ कर पण्ड़ित सुन्दर लाल के साथ राष्ट्रीय आन्दोलन में कूद पड़े।

पण्डित सुन्दर लाल के साथ उनको बहुत महत्त्वपूर्ण अनुभव हुए। गांधी जी के सदाकत आश्रम के अलावा उनका परिचय राष्ट्रीय स्तर के अन्य नेताओं से हुआ। हैदराबाद स्टेट के भारत में विलय सम्बन्धी प्रयासों में भी पण्डित सुन्दर लाल के सचिव के रूप में उनकी महत्त्वपूर्ण भूमिका थी। पण्डित जी के साथ उन्होंने चीन की यात्रा भी की थी। मुजीब भाई के ये सब अनुभव इस संस्मरण में धीरे–धीरे आयेंगे।

आज़ादी मिलने के बाद मुजीब भाई ने राजनीति से संन्यास ले लिया था और लम्बे 'गैप' के बाद फिर पढ़ाई शुरू की थी। उन्होंने

हिन्दी में एम. ए. करने का फैसला किया था। यह अपने आप में बहुत महत्त्वपूर्ण और विचारणीय है कि उन्होंने हिन्दी में एम. ए. करने का क्यों फैसला क्यों किया था जबकि वे उर्दू, अंग्रेज़ी या इतिहास जैसे विषयों में भी एम. ए. कर सकते थे। इन विषयों में भी उनकी बहुत अधिक रुचि थी। हिन्दी में एम. ए. करने के पीछे उनकी समझ यही रही होगी कि हिन्दी बहुसंख्यकों की भाषा है। हिन्दी भारत को जोड़ने का काम कर सकती है। हिन्दी भारत का भविष्य है। अलीगढ़ से हिन्दी में एम. ए. करने के बाद उन्हें जामिया में नौकरी मिल गयी थी और वे लेक्चरर से रीडर भी हो गये थे लेकिन उन्होंने पी–एच. डी. नहीं की थी। वजह सिर्फ कहालत ही न थी। मुजीब भाई मौखिक परम्परा के आदमी थे। ज्ञान का सीधा सम्बन्ध वाणी से मानते थे। इसलिए पढ़ते थे और बोलते थे। धाराप्रवाह बोलते थे। घण्टों बोल सकते थे लेकिन लिखने से कतराते थे।

अलीगढ़ में जायसी पर पी–एच. डी. करने के लिए उनका पंजीकरण था पर मुजीब भाई पुराने ज़माने की उस परम्परा के थे जो वाचक परम्परा कही जाती है। जहाँ ज्ञान का आदान–प्रदान बोले हुए शब्दों के माध्यम से होता है न की काग़ज़ पर लिखे गये। इसलिए उनका पी–एच. डी. का काम बहुत सालों से रुका पड़ा था। भाभी (अज़रा रिज़वी, मुजीब रिज़वी साहब की पत्नी) उनको थी सिस लिखने की याद दिलाती रहती थी और वो तरह–तरह के बहाने बनाते थे। जैसे–अरे भई लिखूँ कैसे, शाम को चार बजे कॉलेज से लौटकर आता हूँ और उसके बाद यहाँ कोई–न–कोई आ जाता है आठ–नौ बजे रात को खाना खाने के बाद तो मैं बैठ नहीं सकता लिखने को।' या कभी कहते थे–काम करने की जगह तो है नहीं...मैं क्या काम करूँ...घर में किताबें बिखरी पड़ी हैं...और कुछ किताबें तुमने ऊपर रखवा दीं हैं अब किताबों को ढूँढ़ना और जमा करना यह तो मुश्किल काम है न।' एक दिन कहने लगे–भई, मैं लिखा करता था एक चिकने से काग़ज़ पर...जो जर्मन पेपर कहलाता था...मुझे आजकल जो काग़ज़ मिलते हैं उन पर लिखने की प्रेक्टिस नहीं है...अब कहीं से वह जर्मन काग़ज़

मिले तो मैं लिखना शुरू करूँ।'

अज़रा भाभी ने जर्मन काग़ज़ ढूँढ़ने का काम मुझे सौंप दिया था। सन् 1947 से पहले जो जर्मन पेपर आया करता था उसे 1972 में चावड़ी बाज़ार में तलाश करना मेरे लिए दिलचस्प काम था। मैंने इस चुनौती को गम्भीरता से लिया था। मैंने चावड़ी बाज़ार के बहुत चक्कर लगाये थे। कई दुकानदारों ने मेरा मज़ाक भी उड़ाया था लेकिन मैंने हिम्मत नहीं हारी थी। जिसने जिस दुकान का पता बताया था वहाँ गया था। हद यह है कि काग़ज़ के कुछ गोदामों में जा कर भी मैंने चिकने जर्मन काग़ज़ को ढूँढ़ने की कोशिश की थी। ख़्याल यह था कि अगर एक–आध रिम भी मिल गया तो मुजीब भाई की थीसिस लिख जायेगी। लेकिन मैं कामयाब न हो सका।

जामिया में मैं धीरे–धीरे जम गया था। लेकिन जामिया में इस तरह डूब नहीं पाया था जितना मुजीब भाई डूबे हुए थे। चूँकि जामिया आने से पहले मैं दिल्ली में फ्रीलासिंग कर चुका था। इसलिए दिल्ली में मेरे ज़्यादा दोस्त थे। जामिया में एक–दो लोगों को छोड़ कर किसी से दोस्ती न हुई थी। और वे एक दो लोग घर परिवार वाले लोग थे जबकि मैं अकेला था। जामिया से फुर्सत पाते ही दिल्ली की तरफ़ निकल जाता था। अख़बारों के दफ़्तरों, दोस्तों के ऑफिसों और दूसरे इदारों के चक्कर लगाया करता था। जहाँ दोस्तों से मुलाक़ात हो जाया करती थी। दिल्ली के नये हिन्दी अदीबों और शायरों से याराना था। इसी यारी दोस्ती में लिखने–पढ़ने के मौके भी मिल जाते थे। सप्ताह में दो–तीन बार दरियागंज जाना हो जाता था। जहाँ राजेन्द्र यादव का दफ़्तर एक बड़ा अड्डा बन गया था। वहाँ से निकलता था तो प्रकाशकों के दफ़्तरों में दोस्तों से मिलता दस दरियागंज यानी 'दिनमान' के दफ़्तर चला जाता था। यहाँ सर्वेश्वर दयाल सक्सेना और रघुवीर सहाय के अलावा दूसरे दोस्तों से मुलाकात हो जाती थी। दिनमान में एक शर्मा जी काम करते थे जो एम. एन. राय के भक्त थे और अपने को 'रायेस्ट' कहते थे। वे 'मेरे पाप के प्रयोग' नामक एक

किताब लिख रहे थे। पुरानी दिल्ली के रहने वाले थे और उनके पास पुराने क़िस्सों का ज़खीरा था।

मेरे जामिया से गायब रहने को जामिया वाले अच्छा न समझते थे बल्कि कुछ मेरे कनाट प्लेस और कॉफी हाउस जाने पर व्यंग्य भी किया करते थे। लेकिन मैं शामे कॉफी हाउस में न गुज़रता तो क्या करता? कॉफी हाउस में ऐसी चहल–पहल रहा करती थी और ऐसी 'खूराक' मिलती थी जो कहीं और न मिल सकती थी। दस–पन्द्रह दोस्तों की एक टोली थी जो रोज़ कॉफी हाउस में मिलती थी। मैं उनमें से ज़्यादातर नक्सली ख़्याल के थे जबकि मैं उनसे अलग था। अपने को सी. पी. एम. से ज़्यादा करीब महसूस करता था। कभी–कभी इस पर बहस भी हो जाया करती थी। लेकिन आमतौर पर बात अदब, सियासत और फ़िल्मों, संगीत और कला पर ही होती थी। सब दोस्त अपने–अपने दुखड़े रोकर भी दिल हल्का कर लिया करते थे। कुछ दोस्त बेरोज़गार थे। उनके कॉफी के पैसे वे चुकाते थे जो कहीं नौकरी कर रहे होते थे। कभी–कभी कुछ बेरोज़गार दोस्तों को वापस जाने के लिए एक रुपया बस का किराया भी दिया जाता था। फ़िल्मों का जुनून हम सब पर तारी था। अच्छी फ़िल्में देखना, उन पर बात करना और लिखना ज़रूरी था उन दिनों बंगाली के मशहूर फ़िल्म डायरेक्टर ऋत्विक घटक दिल्ली आया करते थे। उनसे हम लोगों का मिलना ज़रूरी हुआ करता था। उन्हीं दिनों मुझ फ़िल्मों के लिए लिखने और फिल्म बनाने का चस्का लगा था। मतलब ये कि जामिया के बाहर की ज़िन्दगी मुझे जामिया की ज़िन्दगी से ज़्यादा चुनौती भरी और दिलचस्प लगती थी।

धीरे–धीरे जामिया का अतीत मेरे ऊपर खुल रहा था और मुझे हैरानी हो रही थी कि 1925–30 के बीच कोई ऐसी संस्था थी जहाँ ऐसे प्रयोग किये जाते थे जैसे आजकल भी शायद सम्भव नहीं है। जामिया के अतीत पर बातचीत के दौरान एक बार मुजीब भाई ने बताया–भई, एक साहब यहाँ पढ़ाने के लिए आये। उस ज़माने में लोग ये कहते

थे कि हम नौकरी करने नहीं बल्कि खिदमत करने आये हैं और दर हकीक़त बात भी यही थी क्योंकि तीन–तीन महीने तनख़्वाह नहीं मिलती थी...हाँ तो मैं कह रहा था एक साहब पढ़ाने आये और उन्होंने कहा कि वे नये ढंग से बच्चों को पढ़ाना चाहते हैं। नया ढंग उन्होंने यह बताया कि वे क्लास रूम में नहीं पढ़ायेंगे, दिन के वक़्त नहीं पढ़ायेंगे...शाम को सूरज डूबने के बाद बच्चों को साथ लेकर जमुना के किनारे चले जायेंगे और वहाँ रेत पर बैठ कर पढ़ायेंगे।' उन्होंने यह भी शर्त लगायी कि रात में जमुना के किनारे रेत पर जो क्लास लगेगी उसमें किताब, कलम और काग़ज़ रखने की इजाज़त नहीं होगी...ख़ैर साहब, उनको एक क्लास का एक ग्रुप सौंप दिया गया...पूरे सेशसन उन्होंने पढ़ाया और जब इम्तिहान हुआ तो पाया गया कि उनके पढ़ाये गये बच्चे क्लास रूम में पढ़ाये गये बच्चों से ज़्यादा नम्बर लाये हैं।'

गांधी जी के शिक्षा सम्बन्धी विचारों से प्रभावित होने के कारण जामिया में स्कूल की शिक्षा और 'उस्तादों की तालीम' मतलब 'टीचर्स ट्रेनिंग' पर बहुत बल दिया जाता था। सन् 1930 के आसपास जब भारत के किसी भी विश्वविद्यालय में प्रौढ़ शिक्षा का कोई परिकल्पना भी नहीं थी तब जामिया में प्रौढ़ शिक्षा का बहुत बड़ा विभाग था। इस विभाग में ऐसे महत्त्वपूर्ण काम हुए थे जिनको अन्तर्राष्ट्रीय स्तर पर मान्यता मिली थी। जामिया का नर्सरी स्कूल अपने आप में एक विलक्षण स्कूल था जिसे 'मिस गैर्डा फिलिप्स बोर्न', एक जर्मन महिला चलाती थीं। इन्हें जामिया बिरादरी आपा जान कहती थी। आपा जान डॉ. जाकिर हुसैन से जर्मनी में मिली थीं और उनके विचारों से इतनी अधिक प्रभावित हो गयी थीं कि वे जर्मनी छोड़कर जामिया चली आयीं थीं। दूसरे विश्व युद्ध के दौरान ब्रिटिश सरकार ने उन्हें नज़रबन्द कर लिया था क्योंकि वे जर्मन नागरिक थीं। कुछ समय बाद उनकी रिहाई हुई थी लेकिन बाद में वे काफी बीमार रहने लगी थीं। आपा जान जामिया में ही दफ़न हैं।

सन् 1930–35 के आसपास जामिया के सभी विभाग करोल बाग़ से

जामिया नगर मतलब ओखला गाँव से मिली हुई ज़मीनों पर आ गये थे। जामिया के लोग चूँकि शिक्षा और जीवन के बीच गहरा सम्बन्ध मानते थे और उनका यह भी विचार था कि शिक्षा का जीवन से सीधा संवाद होना चाहिए। इस दृष्टिकोण के अन्तर्गत जामिया ने ओखला गाँव को 'एडाप्ट' कर लिया था। प्राचीन भारतीय परम्परा और गाँधीवादी विचारों के अन्तर्गत इस गाँव को जामिया के अध्यापकों ने आत्म–निर्भर बनाया था। इस गाँव में बढ़ई, कुम्हार, धोबी, नाई, तेली, दर्ज़ी, लूहार और मोची आदि की दुकानें थी। गाँव की चौपाल को जामिया के अध्यापकों और छात्रों ने नया रूप दिया था।

मथुरा रोड़ से लेकर ओखला तक आने वाली सड़क के दोनों तरफ़ नीम के विशाल पेड़ थे। जिनके बारे में कहा जाता था कि वे जामिया के छात्रों और अध्यापकों ने लगाये थे। चूँकि ओखला गाँव में अधिकतर घोसियों की आबादी थी जिनका काम जानवर पालना और दूध का कारोबार करना है, इसलिए जामिया ने पशु–पालन और डेरी योजनाएँ भी चलायीं थीं।

ओखला ही नहीं बल्कि आसपास के दूसरे गाँवों तक जामिया के छात्रों और अध्यापकों का बहु–स्तरीय सम्पर्क था। इस सिलसिले में जामिया के सांस्कृतिक पक्ष के केवल एक हिस्से अर्थात् 'नाटक और रंगमंच' को देखने और समझने से यह बात स्पष्ट हो जायेगी कि आसपास के इलाके में जामिया का क्या प्रभाव था? सन् 1974 में मेरा लिखा एक ड्रामा 'फिरंगी लौट आए' जामिया में मनचीत किया गया था। शो शुरु होने से पहले 'ओपेन एयर थिएटर' में ओखला गाँव के कम–से–कम सौ–डेढ़ सौ लोग आ कर बैठ गये थे। जिनमें औरतें और बच्चे भी शामिल थे। मैंने चूँकि इससे पहले नाटक के ऐसे दर्शक नहीं देखे थे इसलिए मैं कुछ हैरान–सा था। पूछने पर मुझे बताया गया कि यह तो कुछ भी नहीं है जामिया का 'ड्रामा क्लब' जब गाँव वालों के लिए ही ड्रामा करता था तो सैकड़ों लोगों की भीड़ लग जाती थी और कई सप्ताह तक ड्रामे चलते थे। मतलब यह है कि जामिया ने

आसपास के गाँवों में रंगमंचीय चेतना पैदा कर दी थी जिसका अपना रोचक इतिहास है।

राष्ट्रीय आन्दोलन में सक्रिय हकीम अज़मल ख़ाँ जामिया को 1925 में अलीगढ़ से करोल बाग़ ले आये थे। उस समय यहाँ किसी प्रकार का मनोरंजन न था। उस ज़माने में न सिर्फ यह इलाका दिल्ली से दूर था बल्कि आने–जाने के अच्छे साधन भी नहीं थे। अध्यापकों और छात्रों के पास इतने पैसे भी नहीं होते थे कि वे सिनेमा देखने जा सके। इसलिए ये ज़रूरत पड़ी कि खाली समय में कुछ ऐसा किया जाए जिससे छात्रों का मनोरंजन भी हो और उनके संस्कार भी बनें। इस सन्दर्भ में एक नाम बहुत महत्त्वपूर्ण है।

'अब्दुल ग़फ्फार मदहोली' नवउम्री में ही घर से भाग कर किसी छोटी–मोटी नाटक मण्डली में काम करने लगे थे। वे बहुत पढ़े–लिखे न थे। पता नहीं किस तरह वे जामिया पहुँच गये थे। यहाँ मदहोली साहब ने मेहनत मज़दूरी करते हुए पढ़ाई की थी और फिर सन् 1926 के आसपास जामिया में ही अध्यापक हो गये थे। मदहोली साहब को नाटक से 'इश्क़' था। वे न तो बहुत बड़े एक्टर थे न लेखक थे लेकिन नाटक से उनके लगाव ने पूरी जामिया को अभिभूत कर दिया था। मदहोली साहब ने सबसे पहले 'बारिश और बादल' के कुछ संवाद लिखे और स्कूल के लड़कों को उसका अभ्यास कराया। स्कूल में 'बारिश और बादल' का एक शो रखा गया जिसे सबने बेहद पसन्द किया।

इस तरह जामिया में ड्रामे की पहली ईंट रखी गयी। मदहोली साहब ने स्वयं लिखा है कि 'बारिश और बादल' संवादों से प्रेरित होकर उन्होंने पहली बार 'काहिल तालिबेइल्म' (आलसी छात्र) ड्रामा तैयार किया था। यह ड्रामा जामिया में पहली बार सन् 1927 में पेश किया गया था। यह इतना सफल प्रदर्शन था कि इसने पूरी जामिया को नाटक प्रेमी बना दिया था। जामिया के उपकुलपति डॉ. जाकिर हुसैन और डॉ. आबिद हुसैन जैसे लोगों ने भी नाटक लिखना शुरू कर दिया था। प्रो. मोहम्मद मुजीब ने भी कई नाटक लिखे थे। उनके

नाटकों में अंज़ाम, ख़ानाजंगी, हब्बा ख़ातून, हिरोइन की तलाश बहुत चर्चित नाटक रहे हैं। इसके अलावा प्रो. मुजीब ने बच्चों के लिए भी नाटक लिखे थे। उन्होंने बच्चों के लिए नाट्य कला के विविध पक्षों पर केन्द्रित सीधी–साधी भाषा में एक किताब 'आओ ड्रामा करें' भी लिखी थी। इस किताब में नाटक लिखने से लेकर मंच सज्ज़ा तक के सम्बन्ध में जानकारियाँ दी गईं हैं। प्रो. मुजीब स्वयं बहुत अच्छा 'मेकअप' भी करते थे जो निश्चय ही उन्होंने अपने जर्मनी प्रवास के दिनों में सीखा होगा। वे लकड़ी के सेट तैयार करने में भी काफी रुचि लिया करते थे। यही नहीं चूँकि वे बढ़ई का काम भी जानते थे इसलिए सेट बनाने के काम में भी पूरी तरह शामिल रहते थे। उनके एक समकालीन डॉ. मसूद–उल–हक़ ने लिखा है कि बच्चों के एक नाटक की तैयारी चल रही थी। सेट बन रहा था कि प्रो. मुजीब भी वहाँ आ गये–

"मुजीब साहब आये। एक कील लगी थी दीवार पर, उस पर उन्होंने अपनी शेरवानी टाँगी...एक डिब्बा था जिसमें कीलें और हथोड़ी थी, वह उन्होंने लेकर जहाँ–जहाँ कीलें ठोकनी थी वहाँ कीलें ठोकना शुरू कर दिया।"

प्रो. मुजीब के दो नाटक, 'ख़ानाजंगी' और 'हब्बा ख़ातून' के अनेक प्रदर्शन हुए थे। जामिया के बाहर दिल्ली में भी इनके सफल प्रदर्शन किये गये थे। उनका नाटक 'ख़ानाजंगी' जामिया के 'गोल्डन जुबली' समारोह में भी किया गया था। जामिया की नाटक सम्बन्धी गतिविधियों के बारे में प्रो. नज़ीर उद्दीन मीनाई ने लिखा है–"आप ये देखिये कि तंगी तुर्शी के ज़माने में...उस ज़माने में जामिया की सक़ाफ़ती (सांस्कृतिक) ज़िन्दगी इतनी 'रिच' थी...एक ड्रामा सोसाइटी हुआ करती थी। उस्तादों के लिए ही थी वो...हम जिस माहौल से आये थे वह जामिया से बिल्कुल मुखतलिफ़ था। वह सरकारी अदारा (संस्था) था. ..लेकिन यहाँ जो हमने आ के देखा तो जनाब वाइस चांसलर साहब भी मौजूद (नाटक की रिहर्सल) में हैं और प्रिंसिपल साहब भी मौजूद हैं। और बहरहाल असातेज़ा (अध्यापक) तो हैं ही। 'मेन रोल' (मुख्य

भूमिकाओं) में हम कारकुन, मदरसा इब्तिदाई, कॉलेज, रूरल इंस्टीट्युट सबसे आगे थे।"

यह अनुमान आसानी से लगाया जा सकता है कि अगर किसी संस्था का वाइस चांसलर नाटक कार होगा, अध्यापक अभिनेता होंगे, छात्र नाटक में महत्त्वपूर्ण भूमिकाएँ निभाते होंगे तो संस्था के जीवन में रंगकर्म का क्या महत्त्व होगा। जामिया के हर बड़े कार्यक्रम में नाटक होना आवश्यक माना जाता था। नाटक देखने के शौकिन आधी–आधी रात को नाटक ख़त्म होने के बाद पैदल घर जाते थे। मुजीब भाई बताते थे की जामिया ने नाटक को एक सांस्कृतिक और शैक्षणिक 'टूल' के तौर पर भी इस्तेमाल किया था। यह जामिया के रंगकर्म का एक उल्लेखनीय पक्ष है।

वैसे तो जामिया का हर विभाग अपने तौर पर छोटे–छोटे नाटक किया करता था लेकिन ड्रामेटिक सोसाइटी बड़े नाटक करती थी। इन नाटकों में विषय वस्तु से लेकर रंगमंच प्रस्तुति, संगीत और प्रकाश व्यवस्था आदि पर पर्याप्त ध्यान दिया जाता था। सीमित साधनों के कारण तरह–तरह के सस्ते प्रयोग किये जाते थे।

जामिया के नाटकों के बारे में एक उल्लेखनीय और बहुत महत्त्वपूर्ण बात यह है कि वर्ष में एक बार जामिया की ड्रामेटिक सोसाइटी ग्रामीण विषयों पर ग्रामीण भाषा में नाटक किया करती थी। दिल्ली के आसपास फैले हुए ग्रामीण अंचल का कोई कथानक उठाया जाता था। उदाहरण के लिए दिखावे की प्रवृत्ति, लालच, प्रतिस्पर्द्धा, अनमेल विवाह, प्रशासन द्वारा किसानों के साथ किये जाने वाले अन्याय आदि को इन नाटकों में उठाया जाता था। नाटक के संवाद पूरी तरह ग्रामीण बोली में हुआ करते थे। इन नाटकों में हास्य और व्यंग्य का पुट बहुत आवश्यक माना जाता था। इन ड्रामों को लिखने और तैयार करने का काम अब्दुल सत्तार साहब किया करते थे। वे स्वयं ग्रामीण जीवन से न केवल अच्छी तरह परिचित थे बल्कि उनका काफी समय गाँव में बीता था। सत्तार साहब ने अपने जीवन को ग्रामीण चेतना में ढाल

दिया था। उनकी बातचीत और रहने–सहने का वही ढ़ंग हो गया था। वे ग्रामीण जीवन से इतनी अच्छी तरह परिचित थे कि उनके नाटकों के विषय दर्शकों को अपने जीवन का हिस्सा लगते थे।

सत्तार साहब के नाटक इतने लोकप्रिय और चर्चित थे कि जामिया से बाहर दिल्ली के आसपास के गाँव में भी उनका मंचन किया जाता था। इस कारण दिल्ली के कई ग्रामीण अंचल जामिया के संपर्क में आ गये थे।

प्रसिद्ध रंगकर्मी हबीब तनवीर ने रंगकर्म की शुरूआत जामिया से ही की थी। हबीब साहब ने 'आगरा बाज़ार' की भूमिका में विस्तार से उसकी चर्चा की है। जामिया की ड्रामेटिक सोसाइटी के लिए कुछ नाटक करने के बाद हबीब साहब ने ओखला थिएटर नामक कम्पनी बनायी थी। जिसमें जामिया के अध्यापक और उस क्षेत्र में रहने वाले अन्य लोग भाग लेते थे। हिन्दी विभाग के श्याम स्वरूप शर्मा जी भी हबीब तनवीर की नाट्य मण्डली के एक अभिनेता थे। उनके द्वारा दी गयी जानकारियाँ बहुत महत्त्वपूर्ण और रोचक हैं।

मुम्बई से लौट कर हबीब तनवीर जामिया आ गये थे। ओखला गाँव के बाहर जमुना के किनारे एक टीले पर किन्हीं सज्जन ने एक मकान बनवाया था। इन सज्जन का 'फैमली नेम' बटला था। इस कारण यह मकान 'बटला हाउस' कहलाता था। किसी तरह यह मकान हबीब साहब को रहने और रिहर्सल करने के लिए मिल गया था। इस उजाड़ और सुनसान मकान में हबीब साहब रहा करते थे और जामिया के अध्यापक और इलाके के दूसरे लोग रिहर्सल करने आया करते थे। शर्मा जी यह भी बताते थे कि हबीब तनवीर ने मंच पर पान की एक दुकान लगवायी थी। वह वास्तव में पान की एक गुमटी थी जिसे जामिया इलाके से उठाकर मंच पर लगा दिया गया था। गुमटी में वही बूढ़े आदमी पान लगाकर लोगों को देते थे जिनकी पान की दुकान थी और अभिनेता जो मंच पर पान खाते थे वे वास्तव में पान के पैसे दिया करते थे। मतलब यह है कि मंच जीवन का हिस्सा न

होते हुए भी जीवन का एक हिस्सा था। इसमें सन्देह नहीं कि यदि हबीब तनवीर को जामिया के अध्यापकों का सहयोग न मिला होता तो 'आगरा बाज़ार' का मंचन शायद असम्भव हो जाता।

जामिया में नाटक की शुरूआत कैसे हुई और नाटक इतना लोकप्रिय कैसे हो गया इस पर मदहोली साहब ने अपनी किताब जामिया की कहानी में काफी विस्तार से लिखा है।

उनके अनुसार अगस्त, 1927 के एक दिन वाइस चांसलर का एक नोटिस आया कि तीसरी कक्षा के बच्चे स्कूल के आख़री घण्टे में एक 'नकल' दिखायेंगे। पूरी जामिया एक जगह जमा हो गयी। मंच पर एक मेज थी जिस पर स्टोप, पतीली, गिलास और कुछ बर्फ रखी थी। विषय था 'बादल कैसे बनते हैं' और 'बारिश कैसे होती है'। लड़कों ने टीचर की भूमिका निभाना शुरू किय। बताने और रागझाने के बीच कुछ हँसने–हँसाने वाली बातें ऐसी हो जाती थी जिनसे लड़कों का हौसला बढ़ता था। इस प्रयोग से प्रेरित होकर ही मदहोली साहब ने अपना पहला नाटक 'क़ौम परस्त तालिबे इल्म' लिखा था।

दुःख की बात यह है कि जामिया के इस योगदान पर न तो कोई अध्ययन किया गया है और न उसके सम्बन्ध में जानकारियाँ उपलब्ध हैं।

आज़ादी के बाद जामिया के वाइस चांसलर, प्रो. मोहम्मद मुजीब की यह इच्छा नहीं थी कि जामिया अचानक एक बह्त बड़ी संस्था बन जाए और उसका बुनियादी किरदार ख़त्म हो जाए।

प्रो. मोहम्मद मुजीब जाकिर हुसैन के बहुत गहरे मित्रों में थे और जामिया के पुराने आदर्श उन्हें बहुत प्रिय थे। प्रो. मुजीब ने अपने संस्मरणों में उस घटना का उल्लेख किया है जिसके अन्तर्गत जर्मनी में उन्होंने 'जामिया मिल्लिया इस्लामिया' की ताउम्र सेवा करने का प्रण लिया था।–"सन् 1925 में किसी दिन डॉ. ज़ाकिर हुसैन और डॉ. आबिद हुसैन के बीच बहुत गम्भीर बातचीत हो रही थी जिसे मैं सुन

रहा था। जाकिर साहब ने कहा था कि उन्होंने इस बात का फैसला कर लिया है कि चाहे जो हो जाए वे 'जामिया मिल्लिया इस्लामिया' में काम करेंगे। डॉ. आबिद हुसैन ने भी ये कहा कि वे ज़ाकिर साहब के साथ होंगे। मैंने भी कहा कि मैं 'जामिया मिल्लिया इस्लामिया' में काम करना चाहता हूँ। डॉ. ज़ाकिर हुसैन ने सन्देह भरी नज़रों से मुझे देखा और कहा–"नहीं, तुम्हें नहीं करना चाहिए।"

मैं ये जानना चाहता था कि क्यों? उन्होंने जवाब दिया कि 'जामिया मिल्लिया इस्लामिया' मेरे लिए उचित जगह नहीं है। फिर भी मैं यह जानना चाहता था कि ऐसा क्यों है, अगर वह (जामिया मिल्लिया इस्लामिया) उनके लिए सही जगह है तो मेरे लिए क्यों नहीं? उन्होंने कहा कि उनका मामला अलग है और उन्होंने पहले से वचन दे रखा है। जब मैंने ज़ोर डाला कि मैं भी जामिया में शामिल होना चाहता हूँ तो उन्होंने बहुत तीखे स्वर में मुझसे कहा–"देखो, मैं दिल्ली स्टेशन से अगर तुम्हें एक ताँगे में बैठा कर एक खुले मैदान में ले जाता हूँ और तुम से कहता हूँ, यह 'जामिया मिल्लिया इस्लामिया' है। तब तुम क्या करोगे?' मैंने जवाब दिया था कि अगर वे किसी खुले हुए मैदान को 'जामिया मिल्लिया इस्लामिया' कहेंगे तो मैं भी उसे 'जामिया मिल्लिया इस्लामिया' कहूँगा।

यह सब बातचीत कमरे के बीच में खड़े होकर की जा रही थी। मेरे जवाब को सुनकर उन्होंने मुझे गले लगा लिया और प्यार से कहा–"बहुत अच्छा है। तुम भी हमारे साथ आओ।"

प्रो. मोहम्मद मुजीब आक्सफोर्ड से पढ़ाई करने के बाद जर्मनी में प्रिंटिंग का अध्ययन करने गये थे जहाँ उनकी मुलाक़ात डॉ. जाकिर हुसैन और डॉ. आबिद हुसैन से हुई थी। राष्ट्रीय आन्दोलन के दौरान राष्ट्रीय बुद्धिजीवी इंग्लैंड की तुलना में जर्मनी जाकर पढ़ना ज़्यादा पसन्द करते थे। राष्ट्रीय संस्थान भी समानधर्मा जर्मन संस्थाओं से सम्पर्क बनाते थे।

प्रो. मोहम्मद मुजीब के पिता मोहम्मद नसीम लखनऊ के बहुत

प्रसिद्ध और धनवान वकीलों में से थे। पता नहीं क्या वजह थी। हो सकता है प्रो. मुजीब के राष्ट्रीय विचारों के कारण यह उनकी ताउम्र 'जामिया मिल्लिया इस्लामिया' की सेवा करने के वचन के कारण, उनके पिताजी ने उन्हें पैसा भेजना बन्द कर दिया था। गांधी जी प्रो. मुजीब को जानते थे और इतना जानते थे कि उन्हें यह पता चल गया था कि प्रो. मुजीब को अब उनके पिताजी पैसे नहीं भेज रहे हैं।

सन् 1929 में गांधी जी अलीगढ़ में प्रो. मोहम्मद हबीब से मिले थे जो प्रो. मुजीब के बड़े भाई थे। गांधी जी ने उनसे कहा था कि उनके पिताजी उनके छोटे भाई यानी मुजीब को पैसे क्यों नहीं भेज रहे हैं। गांधी जी ने अपने 7 नवम्बर, 1929 के पत्र में मोहम्मद मुजीब को लिखा था–"मुझे उनसे (प्रो. हबीब) से बहस करने की कोई ज़रूरत नहीं पड़ी। जैसे ही मैंने यह मामला उनके सामने रखा, उन्होंने कहा वे वैसा ही करेंगे जैसा मैंने उनसे करने के लिए कहा है। वह यह कि तुम्हारे भाई और तुम्हारे पिताजी तुम्हारी मदद करेंगे।"

गांधी जी ने मुजीब साहब के लिए उनके पिताजी को भी चिट्ठी लिखी थी और मुजीब साहब के बारे में लिखा था कि उनके अन्दर बलिदान और समर्पण की बड़ी भावना है।

इस पूरे प्रसंग से यह पता चलता है कि महात्मा गांधी जामिया और जामिया से सम्बान्धित लोगों की कितनी चिन्ता करते थे। उन्होंने ही जामिया की आर्थिक समस्याओं के समाधान के लिए सेठ जमना लाल बजाज़ को जामिया का ख़जांची (कोषाध्यक्ष) बना दिया था।

जामिया की पुरानी इमारतें एक ऐसी शैली में बनी हैं जो और कहीं दिखाई नहीं देती। इनके बारे में जब जामिया के पुराने लोगों से पूछा जाता था तब वे बड़े गर्व से कहते थे–"ये जामिया शैली है।" धीरे–धीरे जामिया की स्थापत्य शैली के बारे में जो पता चला वह बहुत महत्त्वपूर्ण है।

अंग्रेज़ों के समय में यद्यपि जामिया ब्रिटिश विरोधी संस्था थी लेकिन कुछ मुस्लिम सामन्त जामिया को चन्दा दिया करते थे। निज़ाम

हैदराबाद के ख़ज़ाने से जामिया को हर साल एक रक़म मिलती थी। जिसे लेने ज़ाकिर हुसैन ख़ुद जाया करते थे। इसी सिलसिले में एक बार वे हैदराबाद गये हुए थे। निज़ाम के शाही गैस्ट हाउस में ठहरे हुए थे जहाँ एक जर्मन आर्कीटेक्ट 'कार्ल हाइन्स' भी ठहरे हुए थे। डॉ. ज़ाकिर हुसैन चूँकि जर्मनी के पढ़े हुए थे इसलिए जर्मन भाषा अच्छी तरह जानते थे। उनकी कार्ल हाइन्स से जल्दी ही दोस्ती हो गयी। कार्ल हाइन्स निज़ाम के लिए किसी इमारत का नक्शा बनाने के सिलसिले में आये हुए थे। इसके अलावा हिन्दुस्तान के दूसरे महाराजाओं के लिए भी वे काम किया करते थे। बातचीत के दौरान एक दिन कार्ल हाइन्स ने जाकिर साहब से कहा कि उनके पास काम और पैसे की कोई कमी नहीं है लेकिन उन्हें कोई चुनौती पूर्ण काम नहीं मिलता।

कार्ल हाइन्स का सम्बन्ध 20वीं शताब्दी के प्रारम्भिक दर्शकों के 'अवाँगार्द' आन्दोलन से था जिसके अर्न्तगत 'क्युबिज़्म' आदि शैलियाँ विकसित हुई थीं। ज़ाकिर साहब की एक विशेषता यह थी कि उनके पास हर आदमी के लिए उसकी क्षमता और योग्यता के अनुसार एक एजेंडा हुआ करता था। उन्होंने कार्ल हाइन्स से कहा कि वे उन्हें एक चुनौती पूर्ण काम सौंप सकते हैं। पूछने पर ज़ाकिर साहब ने बताया कि जामिया के लिए नयी इमारतें बनायी जानी हैं। जामिया के लोग चाहते हैं कि उन इमारतों की शैली मौलिक हो। मतलब वे किसी स्थापित शैली में न हों। इसका मतलब ये है कि उन इमारतों की शैली न तो योरोपीय होनी चाहिए, न मुस्लिम, न हिन्दू और न कोई दूसरी स्थापित शैली। कार्ल हाइन्स को यह बात बहुत चुनौती भरी लगी। उन्होंने हैदराबाद में ही नक्शे और ड्राइंग बना–बना कर ज़ाकिर साहब को दिखाना शुरू कर दिया था। ज़ाकिर साहब कार्ल हाइन्स द्वारा सुझाये गये नक्शों और डिज़ाइनों में स्थापित शैलियों की झलक देख लेते थे और उसे अस्वीकार कर देते थे। ये सिलसिला कुछ दिनों तक चलता रहा। उसके बाद ज़ाकिर साहब को दिल्ली लौटना था। कार्ल हाइन्स ने उनसे वायदा किया कि वे एक नयी शैली के डिज़ाइन ज़रूर बना देंगे।

जैसा कि पहले लिखा जा चुका है उन दिनों जामिया करोल बाग़ में हक़ीम अज़मल खाँ की कोठियों में चल रही थी। अध्यापक छोटे–छोटे खपरैल के घरों में रहा करते थे। ज़ाकिर साहब ने कहीं लिखा है कि रात का वक़्त था, बहुत तेज़ पानी बरस रहा था। आँधी और तूफ़ान था। इसी दौरान किसी ने उनके घर के दरवाज़े की जंज़ीर खटखटायी। ज़ाकिर साहब बाहर निकले तो देखा कार्ल हाइन्स खड़े हैं। कार्ल हाइन्स ने उनसे कहा कि उन्होंने वह शैली 'इवाल्व' कर ली है जो ज़ाकिर साहब को चाहिए। जाकिर साहब ने उनकी बनायी हुई ड्राइंग और नक्शे देखकर कहा कि हाँ यहीं वे चाहते थे।

कार्ल हाइन्स विलक्षण प्रतिभा के आदमी थे उन्होंने वास्तव में जामिया के लिए एक नयी शैली 'इवाल्व' की थी। कार्ल हाइन्स की डिज़ाइन की हुई दो इमारतें अब जामिया में नहीं हैं। उन्हें कुछ साल पहले गिरा दिया गया था। हायर सेंकेड्ररी स्कूल हॉस्टल और टीचर्स ट्रेनिंग कॉलेज की इमारतें अभी मौजूद हैं। इन इमारतों को देखकर वास्तव में यह लगता है कि उनकी स्थापत्य कला मौलिक है। कार्ल हाइन्स ने न केवल मौलिकता पर ध्यान दिया है बल्कि उन्होंने दिल्ली के मौसम को ध्यान में रखते हुए डिज़ाइन तैयार की थी। सन् 1930 के आसपास बनी इन इमारतों में 'होलो ब्रिक्स' का प्रयोग किया गया है। सम्भवतः भारत में पहली बार जामिया की इमारतों में ही 'होलो ब्रिक्स' लगाई गयी थी जो आजकल बहुत आधुनिक मानी जाती है।

द्वितीय विश्व युद्ध शुरू होने के बाद कार्ल हाइन्स को भारत छोड़ना पड़ा था चूँकि वे जर्मन नागरिक थे इसलिए ब्रिटिश सरकार ने उन्हें यहाँ नहीं ठहरने दिया था। वापस जर्मनी जाकर कार्ल हाइन्स ने क्या किया या उनका क्या हुआ, इसका अब तक कोई पता नहीं चल सका है।

आज़ादी से पहले जामिया केवल शिक्षा संस्था ही नहीं थी बल्कि एक सामाजिक आन्दोलन था। पढ़ाई के अलावा जामिया ने सामाजिक जीवन में हस्तक्षेप और भागीदारी के उद्देश्य से अध्यापकों और छात्रों

की ट्रेनिंग के लिए ऐसे विभाग बनाये थे जिनकी आज भी कल्पना करना कठिन है। सन् 1936–40 तक जामिया के अधिकतर विभाग करोल बाग़ जामिया नगर आ चुके थे। जामिया नगर में जनसुविधाएँ उपलब्ध कराने के लिए एक 'नगर पालिका' (म्युनिसपेल्टी) बनायी गयी थी जिसका काम इलाके में बिजली, पानी, सड़कों, रास्तों, पेड़–पौधों, ज़मीनों आदि की देखभाल करना हुआ करता था। स्कूल में 'म्युनिसपेल्टी' प्रोजक्ट चलाया जाता था। जिसमें बच्चों को पूरे इलाके के नाप जोक करना, आबादी को अलग–अलग वार्डों में बाँट कर जनगणना करना, मतदाताओं की सूची बनाना, पूरी तैयारी के साथ इलेक्शन कराना और म्युनिसपेल्टी संविधान बनाना आदि सिखाया जाता था।

बच्चों की अपनी एक दुकान स्थापित की गयी थी जो सहकारी दुकान थी। बच्चे ही इसके सदस्य थे वे ही सामान खरीदते थे और दुकान की पूरी व्यवस्था चलाते थे। बागबानी का एक विभाग बहुत सक्रिय था जिसमें बच्चे काम करते थे और उन्हें नियमों के अनुसार मेहताना दिया जाता था। बागबानी के इस काम में बच्चे जो पैसे कमाते थे उसे ज़मा करने के लिए बच्चों का बैंक बनाया गया था। बच्चों का यह बैंक बहुत पेशेवराना तरीके से चलाया जाता था। सन् 1931 में बच्चों के बैंक के साला इजलास (वार्षिक सम्मेलन) के सम्बन्ध में मदहोली साहब ने लिखा है–"...मुनाफ़ा तक़सीम हुआ (लाभ की रक़म बाँटी गयी) मुनाफ़ा ही क्या था, लेन–देन के बाद साल के आख़िर में कोई 26 रुपये ज़मा थे...किसी को दो पैसा नफ़ा (लाभ) दिया गया।"

बच्चों के बैंक ने सन् 1932–33 तक इतनी तरक्की कर ली थी कि खातेदारों को चेक बुक मिलने लगी थी और बच्चों ने पहला चेक ज़ाकिर साहब को जामिया के चन्दे के रूप में दिया था। इस बैंक ने अपने नोट बनाकर जारी किये थे। इन नोटों पर बच्चे और दुकानदार सभी पूरा विश्वास करते थे। बताया जाता है कि इस बैंक–योजना से प्रेरित होकर पं. जवाहरलाल नेहरु ने भी बच्चों के इस बैंक में अपना खाता खोला था। इस सम्बन्ध में एक रोचक घटना भी बताई जाती है। एक बार नेहरु जी जब जामिया आये तो उन्होंने बच्चों के बैंक

की परीक्षा लेने के लिए एक चेक भर कर कैश कराने के लिए दिया। कैसियर की कुर्सी पर बैठे छात्र ने चेक में किये गये दस्ख़त और रजिस्टर में किये गये दस्ख़तों को मिलाया और यह कहकर चेक वापस कर दिया कि दस्ख़त नहीं मिलते हैं। जवाहर लाल नेहरु ने लड़के से पूछा कि क्या तुम मुझे नहीं पहचानते हो? लड़के ने जवाब दिया कि मैं तो आपको पहचानता हूँ, लेकिन बैंक आदमियों को नहीं सिर्फ दस्ख़तों को पहचानता है।' जवाहर लाल ने इस लड़के को शाबासी और प्रोफ़ेसर मोहम्मद मुजीब को बधाई दी थी।

बागबानी के अलावा मुर्गी पालन, जामिया कैमिक्लस, जामिया डेरी, जामिया फाउण्ड्री, बाल बिरादरी, बच्चों की अदालत, बच्चों की पुलिस, बच्चों की सरकार आदि विभाग खोले गये थे जिन्हें बच्चे ही चलाते थे।

पुरानी जामिया का एक विलक्षण विभाग 'बालक माता सेंटर' भी था जो आज तक चल रहा है। इस सेंटर के अन्तर्गत घरेलू औरतों को बच्चों की देखभाल के अलावा कुछ ऐसे काम सिखाये जाते थे जिनसे वे अपनी रोज़ी–रोटी कमा सके। काम सिखाने के अलावा घरेलू औरतों और लड़कियों को पढ़ाई करने की पूरी सुविधा दी जाती थी। सन् 2000 में 'सैयद शाहि मेहदी' ने जामिया का वाइस चांसलर हो जाने के बाद 'बालक माता सेंटर्स' को और उपयोगी बनाने के लिए उसके साथ कम्प्यूटर शिक्षा को भी जोड़ दिया था। यह रोज़गार का एक नया आयाम था। जामिया के 'बालक माता सेंटर' दिल्ली–6 के इलाके में चलता है।

दरअसल 'बालक माता सेंटर' जामिया के एक बहुत महत्त्वपूर्ण विभाग तालिम–ओ–तरक्की का 'बाई प्रोडक्ट' माना जाता है। सन् 1938 में इस विभाग की स्थापना हो चुकी थी। डॉ. ज़ाकिर हुसैन और प्रो. मुजीब की तरह जामिया में एक और करामाती व्यक्ति थे जिनका नाम 'शफीकुर्रहमान किदवई' था जिनकी देख–रेख में इस विभाग ने शिक्षा और समाज को जोडने का अद्भुत काम किया था।

किदवई साहब का सम्बन्ध जिला बाराबंकी के एक बड़े जागीरदार

परिवार से था। उनकी शान शौकत का यह हाल था कि जब वे अलीगढ़ में पढ़ते थे तो उनके साथ एक नौकर भी रहा करता था। वे बेहतरीन रेशम के कपड़े पहनते थे और बिल्कुल रइसों वाले ढंग से रहते थे। लेकिन 1920 में असहयोग आन्दोलन के दौरान उनके विचार इतने बदले और वे अंग्रेज़ी शिक्षा के इतने विरोधी हो गये कि गांधी जी और अली ब्रदर्स के कहने पर जिन लोगों ने अलीगढ़ छोड़ा था उसमें ये भी शामिल थे। असहयोग आन्दोलन में जामिया के छात्र होते हुए वे पहली बार 1921 में गिरफ़्तार हुए थे और उन्हें सज़ा हुई थी। गांधी जी ने अपने अख़बार 'यंग इण्डिया' में उनकी गिफ्तारी के सम्बन्ध में लिखा था–"...मैं किसको मुबारक़बाद दूँ...इन लड़कों को...कि उनके प्रिंसिपल को...कि उनकी संस्था को...लेकिन बहरहाल, अगर हमारे मुल्क में ऐसे नौजवान हैं तो अंग्रेज़ी साम्राज्य के दिन अब बहुत कम हैं।"

किदवई साहब के नेतृत्व में जामिया का तालिम–ओ–तरक्की विभाग प्रौढ़ शिक्षा, बालक माता सेंटर, चलती–फिरती लायब्रेरी, प्रकाशन, अख़बार तथा इसी प्रकार के दूसरे कामों में लगा हुआ था। जनता के साथ सम्पर्क बनाने की कला में किदवई साहब अत्यन्त निपुर्ण थे। जामिया के लिए चन्दा जमा करने के सिलसिले में उनके सम्बन्ध और सम्पर्क बहुत व्यापक हो गये थे। किदवई साहब का एक दूसरा क्षेत्र समाज सेवा का क्षेत्र भी था जिसके अन्तर्गत उन्होंने बहुत बड़ा काम किया था। पाकिस्तान से आये शरणार्थियों की देखभाल से लेकर करोल बाग़ और पहाड़ गंज के कुछ दंगे रुकवाने में उनकी बहुत महत्त्वपूर्ण भूमिका थी।

दंगों के दौरान किदवई साहब अपने करोल बाग़ के मकान और उसमें रखे पूरे सामान को छोड़कर उस समय निकल आये थे जब उनकी और उनके साथियों की जान को बहुत ख़तरा था। इस घटना के दो महीने बाद किदवई साहब फिर उस मोहल्ले में गये थे जहाँ उनका मकान था। यह बहुत ख़तरनाक था क्योंकि उस समय कोई मुसलमान उस इलाके में जाने की बात सोच भी नहीं सकता था। किदवई साहब अकेले अपने घर के दरवाज़े पर पहुँचे तो पूरे इलाक़े

में शोर मच गया। किदवई साहब के घर में जो पाकिस्तान से आये शरणार्थी रह रहे थे उन्होंने कहा कि अब आप में इतनी हिम्मत कैसी हो गयी कि आप अपना सामान लेने आए हैं।" किदवई साहब ने उनसे कहा–"मैं आपको सिर्फ यह बताने के लिए आया हूँ कि इस मकान के कुछ कमरे बहुत पुराने हैं जिनकी छतें किसी वक़्त गिर सकती हैं। इसलिए आप अपने बाल–बच्चों को उन कमरों में न जाने दीजिए।"

सन् 1947 में भारत विभाजन और दंगे हो जाने के कारण हिन्दू–मुसलमानों में भारी दरार पड़ गयी थी। लेकिन उसके बाद भी उस क्षेत्र में किदवई साहब की लोकप्रियता कम नहीं हुई थी। इसका एक सबूत यह है कि दिल्ली राज्य का पहला चुनाव सन् 1952 में हुआ तो किदवई साहब को काँग्रेस ने उस इलाके से अपना उम्मीदवार बनाया था। वे उस समय भारत में नहीं थे। वे एक बार भी जनता के सामने नहीं आये थे लेकिन फिर भी चुनाव जीत गये थे और कैबनेट के चार मंत्रियों में एक मन्त्री बनाये गये थे।

राष्ट्रीय आन्दोलन के दौरान महात्मा गांधी स्वतन्त्र भारत के लिए एक सामान्तर शिक्षा पद्यति विकसित करना चाहता थे। इस काम में डॉ. जाकिर हुसैन उनकी पूरी मदद कर रहे थे। हरिपुरा काँग्रेस के वार्षिक अधिवेशन में गांधी जी और डॉ ज़ाकिर हुसैन द्वारा प्रस्तुत 'कौमी बुनियादी तालीम' स्कीम मंजूर हो गयी थी। इस स्कीम को सामने रख कर 4 अगस्त, 1938 को जामिया में उस्तादों का मदरसा का उद्घाटन हुआ था। अमेरिका से उच्च शिक्षा प्राप्त कर आये डॉ. सईद अंसारी इसके प्रिंसिपल थे। उन्होंने आधुनिकतम शिक्षा पद्मतियों को भारतीय परस्थियों के अनुसार विकसित किया था। उस्तादों का मदरसा भारत के गिने–चुने प्रारम्भिक टीचर्स ट्रेनिंग कॉलेजों में हुआ करता था। आज भी उसका अपना महत्त्व है।

ऐसे बहुत कम वी.आई.पी. मिलेंगे जो किसी इमारत की नींव का पत्थर (फाउडेशन स्टोन) रखने से पहले वह कहते हों जो डॉ. ज़ाकिर हुसैन

ने जामिया की एक इमारत का संगे बुनियाद रखते समय कहा था। उन्हीं के शब्दों में–"जब भी जामिया में किसी नयी इमारत का संगे बुनियाद रखा जाता है तो मेरा दिल थरथराता है। ऐसे मौकों से फायदा उठाकर मैं जामिया वालों को याद दिलाता हूँ कि इमारतों की कसरत (बहुतायत) किसी अदारे (संस्था) के लिए क़ाबिले फ़ख्र (गर्व करने योग्य) नहीं है। अक्सर इमारतें या तो मक़बरे साबित होती हैं या क़ैद ख़ाने। अगर इमारत में रहने वाले असल मक़ासिद (उद्देश्य) और को भूल जाएं तो वो इमारतें उनके मकासिद और इरादों का मक़बरा बन जाती हैं।"

सन् 1975–76 के दौरान जामिया पर तरह–तरह के दबाव पड़ रहे थे। क्योंकि अब जामिया 'डीम टु बी यूनीवर्सिटी' हो गयी थी। इसलिए जामिया को शिक्षा मंत्रालय अपने नियमों में जकड़ रहा था। लेकिन बड़ी हद तक जामिया अपने आदर्शों पर टिकी हुई थी। उस समय की एक घटना जामिया के आदर्शों पर बड़ी अर्थपूर्ण टिप्पणी करती है। मुजीब भाई ने बताया था, एक बार पार्लियामेंट में किसी ने यह सवाल पूछा था कि जामिया में हिन्दू और मुस्लिम छात्रों का क्या प्रतिशत है। पार्लियामेंट में यह पूछा गया सवाल प्रो. मोहम्मद मुजीब के सामने आया। उस ज़माने में जामिया के एडमिशन फार्म में धर्म का कोई कॉलम नहीं हुआ करता था। जामिया धर्म को शिक्षा से अलग मानता था। पार्लियामेंट के सवाल का जबाव कैसे दिया जाता जबकि जामिया को छात्रों के धर्म के बारे में कोई जानकारी ही नहीं थी। प्रो. मोहम्मद मुजीब ने कई हज़ार एडमिशन फार्म पार्लियामेंट भिजवा दिये थे और कहा था कि हम किसी छात्र से उसका धर्म नहीं पूछते। संसद को यह जानकारी चाहिए तो वह फार्म पर लिखे नाम को पढ़कर यह फैसला कर सकती है कि कौन हिन्दू है और कौन मुसलमान। हम यह नहीं बता सकते।

'जामिया मिल्लिया इस्लामिया' में एक दूसरी तरह का संघर्ष भी चलता रहा है। इसकी स्थापना राष्ट्रीय सोच विचार वाले उदार

मुसलमानों ने की थी। लेकिन कट्टर पन्थी मुसलमान इस कोशिश में लगे रहते थे कि किसी तरह संस्था पर उनका प्रभाव बढ़ जाए या वे उसे कन्ट्रोल करने लगें। उदारवादी मुसलमानों के लिए यह एक चुनौती बनी रहती थी कि किस प्रकार कट्टर पन्थी मुसलमानों के हाथ में जामिया न जाने पाए।

'मिर्ज़ा गालिब' के जन्म शताब्दी समारोह के अवसर पर प्रो. मोहम्मद मुजीब ने यह तय किया था कि जामिया कॉलेज के लॉन में 'मिर्ज़ा ग़ालिब' की एक प्रतिमा लगायी जाए। ये सूचना जैसे ही कट्टर पन्थियों को मिली थी वे इसका विरोध करने लगे थे। उनका कहना था कि मूर्ति पूजा इस्लाम में वर्जित है। और किसी व्यक्ति की मूर्ति नहीं लगायी जा सकती। प्रो. मोहम्मद मुजीब का कहना था कि 'ग़ालिब' की प्रतिमा लगाने का मतलब मूर्ति पूजा नहीं है। यह केवल महाकवि को दिया जाने वाला एक छोटा-सा सम्मान है। प्रो. मोहम्मद मुजीब के स्पष्टीकरण आदि के बाद भी कट्टर पन्थी मुसलमान इसका विरोध करते रहे। उन्होंने यहाँ तक कहा कि यदि जामिया में 'ग़ालिब' की प्रतिमा लगायी जायेगी तो वे उसे तोड़ देंगे। प्रो. मोहम्मद मुजीब ने उनको उत्तर दिया था कि आप एक प्रतिमा तोड़ देंगे तो हम दूसरी लगा देंगे। आप दूसरी तोड़ देंगे तो हम तीसरी लगा देंगे। बहरहाल, बड़े विरोध के बावजूद ग़ालिब की प्रतिमा जामिया कॉलेज के लॉन में बीचोंबीच लगायी गयी। प्रतिमा के नीचे 'ग़ालिब' का यह शे'र लिखा है–

> जामे हर ज़र्रा *(कण)* है सरशारे तमन्ना *(आशा में डूबा हुआ)* मुझसे,
> किसका दिल हूँ के दो आलम *(दोनों संसार)* से लगाया है मुझे।

'ग़ालिब' की इस प्रतिमा को लेकर जामिया में एक लतीफ़ा प्रचलित था। एक ज़माने में जामिया के एक रजिस्ट्रार थे जिनका बेवकूफ़ी, मूर्खता, कमअहेली में जवाब न था। उनके बारे में लड़कों ने एक लतीफ़ा बनाया था। एक दिन रात के वक़्त कुछ लड़के 'ग़ालिब' की प्रतिमा के नीचे बैठे थे। उन्होंने अचानक सुना कि 'ग़ालिब' बोल रहे हैं।

लड़के बहुत ख़ुश हुए और ग़ालिब से उनकी बातचीत होने लगी। ग़ालिब ने लड़कों से कहा–"भई मैं, यहाँ खड़े–खड़े तंग आ गया हूँ... तुम लोग जानते ही हो घूमने–फिरने...सैर, तफरीह करने वाला आदमी हूँ... मगर जाऊँ कैसे...एक घोड़ा मँगा दो तो मैं बल्लीमारान तक हो आऊँ।" लड़के ग़ालिब की यह फर्माइश लेकर रजिस्ट्रार साहब के पास पहुँचे। पहले तो रजिस्ट्रार साहब लड़कों पर बहुत बिगड़े और उन्होंने कहा कि यह हो ही नहीं सकता कि पत्थर का मुजस्समा (प्रतिमा) बोलने लगे। लड़कों ने कहा नहीं साहब, हमने ख़ुद सुना है ग़ालिब बहुत अच्छी तरह बोल रहे हैं। बड़ी साफ़ आवाज़ आ रही है। आप चलिए और सुन लीजिए। ख़ैर किसी तरह रजिस्ट्रार साहब लड़कों के साथ ग़ालिब के मुजस्समे तक आये। हैरानी की बात यह हुई कि उनके आने के बाद ग़ालिब कुछ नहीं बोले। रजिस्ट्रार ने लड़कों को बहुत डाँटा कहा कि तुम लोगों ने मेरी नींद खराब कर दी। तुमने झूठ बोला था। ग़ालिब बोल–वोल कुछ नहीं रहे हैं। ख़ैर साहब लड़कों को डाँटने–फटकारने के बाद रजिस्ट्रार साहब चले गये। उनके जाने के बाद ग़ालिब फिर बोलने लगे। ग़ालिब ने कहा–"अरे भई, मैंने घोड़ा लाने के लिए कहा था...तुम लोग गधा ले आये थे।"

मथुरा रोड से आश्रम चौराहे के बाद एक पतली सी सड़क जमुना के किनारे तक आती थी। इस सड़क पर सबसे पहले जुलैना नाम का एक दबा–दबा सा गाँव था। जिसके बारे में कहा जाता था कि इस गाँव का नाम वास्तव में 'जूल्याना' था। ये इलाका किसी अंग्रेज़ की जागीर का हिस्सा था। उसने अपने बेटी जूल्या के नाम से यह गाँव बसाया था और इसका नाम जूल्याना रखा था जो बिगड़ते–बिगड़ते जुलैना हो गया था। जुलैना के बाद होली फैमली अस्पताल की इमारत थी और उसके बाद सड़क के दोनों तरफ़ कुछ मैदान और खेत दिखाई पड़ते थे। जिनके बाद सड़क के बाँएं तरफ़ जामिया कॉलेज की इमारत थी। उसके आगे जामिया स्कूल की इमारत थी और सड़क के दूसरे तरफ़ जामिया के दफ़्तर थे। इसके और आगे जामिया नगर की बस्ती थी

जहाँ आमतौर पर जामिया के अध्यापक रहा करते थे। जामिया नगर से ही मिली हुई टिचर्स ट्रेनिंग कॉलेज की इमारत थी। जामिया नगर के दूसरे तरफ़ पुराना ओखला गाँव था।

जामिया आने वाली पतली सड़क पर गाँव वालों की रेडियाँ, साइकिलें और कभी–कभार दो–चार बसें और दो कारें गुज़रती थीं। पूरे जामिया नगर और ओखले के इलाके में सिर्फ दो कारें थीं जिन्हें लोग पहचानते थे और उन्हें देख कर यह कह दिया करते थे कि फलां–फलां दिल्ली जा रहे हैं। जामिया और ओखला तक दो बसें आती थी एक 18 नम्बर की बस थी जो फव्वारे से (चाँदनी चौक) ओखला आती थी और दूसरी 24ए थी जो लाजपत नगर से ओखला आती थी। एक दूसरी बस 18ए भी थी। यह बस ओखला नहीं आती थी बल्कि ओखला मोड़ से सीधी आगे बदरपुर निकल जाती थी और ओखला जाने वाले ओखला मोड़ पर उतर कर या तो पैदल ओखला आते थे या 18 नम्बर बस का इन्तज़ार करते थे।

रात हो जाने के बाद ओखला लौटना कुछ मुश्किल था क्योंकि उस बस की सर्विस बहुत कम या ख़त्म हो जाती थी जो जामिया होते हुए ओखला आती है। कॉफी हाउस से लौटते–लौटते रोज़ ही देर हो जाती थी। एक बस जो बदरपुर जाती थी वह ओखला मोड़ पर छोड़ देती थी जहाँ से ओखला कोई ढ़ाई–तीन किलो मीटर पड़ता था। रात में अक्सर ओखला मोड़ पर उतर कर ओखला गाँव तक पैदल आना पड़ता था। सड़क पर करीब–करीब अँधेरा रहा करता था। जुलैना गाँव के कुत्तों से बचने के लिए जेबों में ईंट के टुकड़े भर लिया करते थे। भौंकते हुए कुत्ते जब हमलावर होते थे तो ढ़ेले मार कर ही उन्हें भगाया जा सकता था। रास्ता सुनसान हुआ करता था। एक रात कुत्तों से बड़ा जबरदस्त मुक़ाबला हुआ था। मैं रात के करीब ढ़ाई–तीन बजे डी.सी.एम. वाले मुशायरे से लौटा था। ओखला की एक गली से गुज़र रहा। अचानक आठ–दस कुत्ते मेरी तरफ़ झपटे। भागने का कोई मौक़ा न था। भागता तो वे ज़रूर काट लेते क्योंकि मैं उनसे तेज़ नहीं दौड़ सकता था। छिपने की कोई

जगह न थी। जेब में पत्थर भी नहीं थे। आसपास कोई बचाने वाला भी न था। सिवाय मोर्चा लेने के और कोई रास्ता न नज़र आया। मैं दो–चार क़दम पीछे हटा और जब देखा कि सबसे आगे वाला कुत्ता ज़द में आ गया है तो ठहर कर उसे एक लात मारी। जूते की ठोकर उसके मुँह पर पड़ी और वह उलट गया। उसके गिरते ही पूरी फ़ौज़ वैसे ही भाग खड़ी हुई, जैसे मध्यकाल में 'लड़ाइयों' के दौरान, बादशाह के मारे जाने के बाद फ़ौज़ भाग खड़ी होती थी।

ये तो नहीं कहता कि जामिया में उस दौर का जो माहौल था उसने मुझे लापरवाह बना दिया था क्योंकि उस जमाने में जामिया कॉलेज में ऐसे टीचर भी थे जो पढ़ाने के मामले और क्लास लेने के सन्दर्भ में बहुत गम्भीर थे। मैं धीरे–धीरे शायद इसलिए लापरवाह होना शुरु हो गया था कि कोई सख़्ती या सज़ा न थी। मुजीब भाई छोटी–मोटी गलतियों को टाल जाया करते थे और दूसरे लोगों में किसी की यह हिम्मत न थी कि हिन्दी डिपार्टमेंट के किसी मामले में कुछ बोले। पढ़ाने में कोताही की एक वजह यह भी थी कि कभी–कभी मुझे मध्यकालीन कविता पढ़ाने को दे दी जाती थी। मैंने चूँकि हिन्दी में बी.ए. नहीं किया था बल्कि बी.एस.सी. किया था इसलिए 'ग्रेजुएशन लेबेल' पर मध्यकालीन कविता न पढ़ी थी। सिर्फ एम.ए. में बहुत अरुचि के साथ मध्यकालीन कविता से आमना–सामना हुआ था और फिर ब्रज या पुरानी अवधी भी मेरी समझ के बाहर थी। इसलिए इस तरह के काव्य को पढ़ाना मुश्किल और अरुचिकर हुआ करता था और फिर यह भी मानना पड़ेगा कि शहर आने की दिलचस्पियों की वजह से पढ़ाई या पढ़ाने को वक़्त कम ही मिलता। एक–दो क्लास गोल हो जाते थे। लड़के बड़े समझदार थे, कभी शिकायत न करते थे। मौक़ा मिलता था तो एक्ट्रा क्लास ले लिया करता था या अच्छी किताबें और नोट्स दे दिया करता था। एक और वजह ये थी कि शादी के बाद जामिया से दूर सफदरजंग एन्क्लेव में रहने लगा था जहाँ से जामिया आने के लिए तीन बसें बदलना पड़ती थीं। मुजीब भाई को मेरी लापरवाही

का इल्म रहता था। बस कभी–कभी मुँह बना कर अपनी नाराज़गी ज़ाहिर कर देते थे। एक बार किसी फ़िल्म के चक्कर में मुझे श्रीनगर जाना पड़ा। ऐसा नहीं था कि यह प्लान अचानक बना था। पहले से तय था। पर मैंने पता नहीं क्यों छुट्टी लेने या मुजीब भाई से बताने की ज़रूरत न समझी और श्रीनगर चला गया। अब लगता है यह माफ न करने वाली ग़लती थी। पर उस ज़माने में ऐसा कर दिया था। कोई दस–बारह दिन के बाद मैं जब कॉलेज गया और मुजीब भाई से आमना–सामना हुआ तो वे बेहद नाराज़ थे। लेकिन नाराज़गी में कुछ बोले नहीं। उसके चेहरे और हाव–भाव से लग रहा था कि गुस्सा पीने में मुश्किल हो रही है।

मुजीब भाई ने थीसिस पूरा करने के लिए एक साल की छुट्टी ले थी। अब एक अध्यापक की ज़रूरत थी जो मुजीब भाई की जगह एक साल विभाग में पढ़ा सके। मुजीब भाई ने यह काम मुझे सौंपा था। मुजीब भाई के काम सौंपने के तरीके भी बड़े सहज और अनऔपचारिक हुआ करते थे। ये बात उन्होंने इस तरह कही थीं–"अरे भई जाओ, किसी को ढूँढ़–ढ़ाढ कर लाओ जो यहाँ साल भर हिन्दी पढ़ा दे।"

मैंने इस सिलसिले में सुधीश पचौरी को फोन किया था। उन्होंने कहा था, 'ठीक है कल एक युवक तुम्हारे पास आ जायेगा। बहुत योग्य बालक है। मेहनत से काम करेगा।' अगले दिन स्टाप रूम में वास्तव में एक युवक मुझसे मिलने आया। इस युवक ने कुर्ता–पाज़ामा पहन रखा था, पैरों में चप्पल थी, बाल कुछ थोड़े से बढ़े थे, रंग कुछ सांवला था लेकिन आँखों में बड़ी जबर्दस्त चमक थी जिनसे बुद्धिमता, ईमानदारी और उसके मेहनती होने का पता चलता था। इस लड़के का नाम अशोक चक्रधर था। मैंने उसे मुजीब भाई से मिलवा दिया था और मुजीब भाई की तो यही विशेषता थी कि वे सबको अपना बना लेते थे। जल्दी ही अशोक चक्रधर भी मुजीब भाई के अपने हो गये थे।

मलिक मोहम्मद जायसी के साथ–साथ अमीर खुसरो मुजीब भाई के प्रिय लेखकों में थे। उन्होंने अमीर खुसरो के ऊपर भी कई लेख

लिखे हैं। मेरे ख्याल से अमीर खुसरो और मुजीब भाई में शायद कुछ सामान्ताएँ भी थीं। अमीर खुसरो के बारे में कहा जाता है कि बड़े–बड़े सम्राटों के दरबारों से लेकर उनकी पहुँच सूफियों की दरगाहों तक थी। दो–एक दूसरे से विपरीत बल्कि एक–दूसरे की विरोधी शक्तियों के साथ सामांजस बिठाना मुश्किल काम था। लेकिन अमीर खुसरो जीवन भर सफलता पूर्वक यह करते रहे। मुजीब भाई के व्यक्तित्व में भी उनकी कुछ झलकियाँ मिलती थीं। जामिया में उनकी जान–पहचान और सम्बन्धों का दायरा बहुत व्यापक था। यह माना जाता था कि मुजीब भाई जामिया की सत्ता यानि इस्टैब्लिशमेण्ट के बहुत करीब हैं। लेकिन उसी के साथ–साथ बहुत साधारण और आम लोगों से भी उनके अच्छे सम्बन्ध थे। इलाहाबाद में भी मुजीब भाई की पहुँच एक तरफ़ आनन्द भवन तक थी तो दूसरी तरफ़ देर रात गये रेलवे स्टेशन के कुलियों के साथ बैठकर चाय भी पी लिया करते थे।

सन् 1978 के आसपास अनवर जमाल क़िदवई जामिया के वाइस–चांसलर हो गये थे। वे भारत सरकार के सूचना प्रसारण मन्त्रालय में सचिव के पद से रिटायर होकर जामिया आये थे और उनके रंग–ढंग 'टॉप ब्यूरो क्रेटस्' जैसे थे। वे चाहते थे कि जामिया का कॉलेज वाला ढ़ाँचा बदले और यूनीवर्सिटी वाला स्वरूप स्थापित हो। कॉलेज का ढ़ाँचा बदलने का मतलब था कि पुराने लोग जो बड़े–बड़े पदों पर थे, वहाँ से हटाये जाते। क़िदवई साहब की योजना का विरोध और समर्थन शुरु हो गया था। जहाँ तक याद पड़ता है पहले मुजीब भाई का गुट परिवर्तन का विरोध कर रहा था और वे चाहते थे कि मैं भी इस परिवर्तन के विरोध में उनके गुट में रहूँ पर उस समय बहुत से नये लोग परिवर्तन के पक्ष में थे जिनमें मैं भी था। यह वह मुद्दा था। जिस पर मैं मुजीब भाई से अलग था। उन्हें इस बात का दुःख भी था लेकिन उनका गुट जल्दी ही कुछ शर्तों पर परिवर्तन के समर्थन में आ गया था और मुजीब भाई के गुट को परिवर्तन का वह नुक़सान नहीं हुआ था जिसकी सम्भावना थी।

सबकी मदद को तैयार रहने वाले मुजीब भाई जिससे ख़ुश हो जाते थे, बहुत ख़ुश हो जाते थे और फिर उसकी कोई शिकायत सुनना पसन्द नहीं करते थे। उनकी इस सादगी का फायदा उठाने वाले भी कम नहीं थे। ख़ुश होकर अपना समझना और फिर अपने आदमी की हर तरह से मदद करना कभी–कभी बहुत खतरनाक भी हो जाया करता था। वे चाहते थे विभाग में उन लोगों को नौकरी मिले जो पढ़ाई–लिखाई में अच्छे हों, अच्छे लोग हों लेकिन कहीं से कोई उनकी पसन्द का आदमी उन पर 'अपनी पसन्द' को आरोपित कर देता था तो मजबूर हो जाते थे क्योंकि जो कह रहा है वह उनका प्रिय है। विभाग में जामिया में उनकी इतनी इज़्ज़त और हैसियत थी कि उनका विरोध करने की ताक़त किसी में न थी। इसके अलावा मुजीब भाई की तर्क करने की ताक़त का सामना करना भी सरल काम नहीं था।

मुजीब भाई अपने ज़माने में उन लोगों में शामिल थे जो जामिया के 'कस्टोडियन' कहे जा सकते हैं। उनका बड़ा असर था। उनकी बात टालना मुश्किल था। यूनवर्सिटी की बड़ी–बड़ी कमेटियों के वे न सिर्फ मेम्बर थे बल्कि उनकी और उनके साथियों की बात मानी जाती थी। यूनीवर्सिटी के बड़े ओहदेदारान उनसे मशविरे लेते थे। दूसरी तरफ़ उन लोगों का एक गुट था जो मुजीब भाई के खिलाफ़ रहा करते थे।

उनका पण्डित सुन्दर लाल के साथ गांधी आश्रम का एक अनुभव मुझे आज तक याद है। मुजीब भाई ने बताया था कि आम की फसल के दौरान, गांधी जी और आश्रम में रहने वाले दूसरे सीनियर लोग सिर्फ आम और दूध खाया करते थे। एक बार कुछ युवा लोगों ने इस पर टिप्पणी की और कहा कि यह तो बहुत गलत बात है कि महात्मा लोग तो आम और दूध खाते हैं और हम लोगों को दाल, रोटी, सब्जी मिलती है। युवा लोगों के 'प्रोटेस्ट' करने के बाद गांधी जी ने यह आदेश दिया कि आश्रम में सभी लोगों को खाने के लिए आम और दूध दिया जायेगा। चार–पाँच दिन तो युवा लोगों को यह अच्छा लगा लेकिन उसके बाद पन्द्रह–बीस दिन तक दोनों वक़्त आम और दूध खाते–खाते उनकी तबीयत बहुत उक्ता गयी। युवा लोगों

ने गांधी जी से कहा कि अब उनको आम और दूध नहीं दाल, सब्जी वाला खाना दिया जाए। गांधी जी ने कहा, नहीं जब तक हम लोग आम और दूध खा रहे हैं उस वक़्त तक तुम लोगों को भी यही खाना होगा।' फिर तो कुछ दिनों बाद युवा लोगों की हालत ये हो गयी कि वे गिड़गिड़ाने और माफ़ी माँगने लगे। तब गांधी जी ने उनसे कहा कि तुम लोग क्या ये समझते थे कि हम स्वाद के लिए आम और दूध खाते हैं। ऐसा नहीं है, हम लोग दवा के रूप में आम और दूध खाते हैं। बहरहाल तब गांधी जी ने यह अनुमति दी की आश्रम में दूसरे लोगों को सामान्य खाना दिया जाए।

गांधी जी के आश्रम के बारे में बताते हुए मुजीब भाई एक और नाम बार–बार लेते थे। यह नाम था मंज़र अली 'सोख़्ता'। मुजीब भाई के अनुसार मंज़र अली 'सोख़्ता' ने गांधी जी को हिन्दी पढ़ायी थी। मंज़र अली 'सोख़्ता' राष्ट्रीय आन्दोलन के सक्रिय कार्यकर्त्ताओं में थे जो गांधी जी के बहुत निकट थे। मुजीब भाई ये भी बताया करते थे कि मंज़र अली 'सोख़्ता' गांधी जी के लिए रोज़ सुबह नीम की दो कोपलें तोड़ कर लाते थे। जिसका गांधी जी सेवन करते थे।

नीम की पत्तियाँ तोड़ने पर गांधी जी और मंज़र अली 'सोख़्ता' के बीच बहस भी हो जाया करती थी। जैसे 'सोख़्ता' दो पत्तियों की जह एक डाली तोड़ लाते थे। गांधी जी कहते थे मैंने तो दो पत्ती के लिए कहा था तुम डाली क्यों तोड़ लाये। यह तो बर्बादी है। सोख़्ता कहते थे, दो पत्तियाँ मैं खालूँगा। इस पर गांधी जी कहते थे तब भी डाली की सैकड़ों पत्तियाँ बर्बाद जायेंगी। इस पर सोख़्ता कहते थे–बकरी खा लेगी।' गांधी जी कहते थे, वे नहीं चाहते कि बकरी खाये....बहरहाल दोनों में काफी देर बहस होती रहती थी।

गांधी जी की मृत्यु के बाद मंज़र अली 'सोख़्ता' ने उर्दू में गांधी जी की बसीयत भी लिखी थी जिसे 'हिन्दुस्तानी कल्चलर सोसाइटी' इलाहाबाद ने सन् 1949 में छापा था। मुजीब भाई जामिया के हिन्दी विभाग

के लिए जो इमारत बनवाने का सपना देखते थे उसका नाम भी वे मंज़र अली 'सोख़्ता' भवन रखना चाहते थे। लेकिन जामिया में हिन्दी भवन न बन सका। और अब उसकी सम्भावनाएँ लगभग समाप्त हो चुकी है।

पण्डित सुन्दर लाल के साथ मुजीब भाई कई बार हैदराबाद भी गये थे। यह वह समय था जब आज़ादी मिलने से पहले देशी रियासतें भारत या पाकिस्तान के साथ विलय कर रही थी। पण्डित सुन्दर लाल बहुत सक्रियता से ये प्रयास कर रहे थे कि हैदराबाद का विलय भारत के साथ हो जाए। इस सम्बन्ध में वे निज़ाम के उन मन्त्रियों से विचार–विमर्श करते थे जो हैदराबाद के भारत में विलय के पक्ष में थे। इन लोगों में नवाब होशयार जंग बिलग्रामी बहुत प्रमुख थे। मुजीब भाई बताया करते थे कि नवाब होशयार जंग बिलग्रामी जब दिल्ली आते थे तो इम्पीरियल होटल में ठहरते थे और वहाँ पं. सुन्दर लाल उनसे मिलने जाया करते थे।

आज़ादी के बाद पण्डित सुन्दर लाल ने मुजीब भाई को एक बहुत कठिन और रोचक काम सौंपा था। भारतीय संविधान छप चुका था लेकिन पण्डित जी के दिमाग़ में यह बात आयी थी कि भारत का अनपढ़ आदमी इस संविधान को कैसे समझेगा? यदि उसे कोई पढ़ कर भी सुनायेगा तो उसकी समझ में नहीं आयेगा। इसलिए पण्डित सुन्दर लाल चाहते थे कि भारतीय संविधान आम लोगों के लिए, आम लोगों की भाषा में तैयार किया जाना चाहिए। मुजीब भाई और उनकी टीम भारतीय संविधान की किसी एक धारा का अनुवाद बोलचाल की भाषा में करने का प्रयास करते थे। यह अनुवाद सबसे पहले पण्डित जी को सुनाया जाता था। पण्डित जी अगर इसे पास कर देते थे तो मुजीब भाई और उनकी टीम रात के वक़्त रेलवे स्टेशन जाकर कुलियों को अनुवाद सुनाती थी। कुली अगर अनुवाद समझ जाते थे तो उसे फाइनल माना जाता था। पण्डित सुन्दर लाल के मरने के बाद यह काम अधूरा रह गया।

एक बार चीन के सम्बन्ध में कुछ बातचीत हो रही थी। मुजीब भाई ने बताया था कि वे पण्डित सुन्दर लाल के साथ चीन गये थे। उस समय चीन में जो नया समाज बन रहा था उसकी झलकियाँ मिलना शुरू हो गयी थीं। मुजीब भाई ने बताया था कि पण्डित सुन्दर लाल का डेलीगेशन जब 'बीजिंग यूनीवर्सिटी' के वाइस चांसलर के सामने पहुँचा था तो वहा डेलीगेशन का स्वागत करने के लिए साधारण कपड़े पहने एक अकेला आदमी खड़ा था। उसे देखकर पण्डित जी को थोड़ा गुस्सा आ गया था। उन्हें लगा था कि हाई पॉवर डेलीगेशन के स्वागत के लिए कम–से–कम वाइस चांसलर को तो होना ही चाहिए था। पण्डित जी ने इस आदमी से पूछा कि तुम्हारा वाइस चांसलर कहाँ है? यह आदमी तीन–चार बार झुका और उसने बड़ी विनम्रता से कहा कि जी मैं ही इस यूनीवर्सिटी का वाइस चांसलर हूँ। पण्डित जी उस समय के चीनी समाज की सादगी, ईमानदारी, कर्मठता और समर्पण देख कर कहा करते थे कि यही गांधीवाद है।

हम लोगों ने कई बार मुजीब भाई से कहा कि वे अपने संस्मरण लिख दें लेकिन उन्होंने कभी इस ओर ध्यान नहीं दिया। यही नहीं उन्होंने अपने कहानी–संग्रह 'गोमती से गंगा तक' को फिर से छपवाने में भी कोई रुचि नहीं ली थी। उनका कहानी–संग्रह बहुत पहले शायद पाँचवे या छठे दशक में इलाहाबाद से छपा था। इस पुस्तक को मैंने देखा है। इसके फ्लैप पर हिन्दी के प्रसिद्ध कहानीकारों और समीक्षकों जैसे भैरव प्रसाद गुप्त, अमृत राय, उपेन्द्र नाथ अश्क आदि की सम्मतियाँ भी प्रकाशित थीं। मुजीब भाई ने कभी अपनी सृजनात्मक प्रतिभा की ओर ध्यान नहीं दिया जबकि मेरे विचार से उनके अन्दर रचनात्मक प्रतिभा और मौलिकता का अद्‌भुत सममिश्रण था। वे मौखिक परम्परा के विद्वान थे और इसी कारण उनका पी–एच.डी. का काम भी रुका पड़ा था।

मुजीब भाई की पी–एच.डी. और मेरी पी–एच.डी. दोनों साथ–साथ चल रही थी। जामिया आने के डेढ़–दो साल के अन्दर ही मेरी दोस्ती जामिया के उन लोगों से हो गयी थी जो समय बरबाद करने के

माहिर माने जाते थे लेकिन इस मण्डली में कुछ लोग बहुत भले और सज्जन भी थे।

मुजीब भाई से अक्सर शाम को उनके घर पर मुलाक़ात होती थी। बातचीत में दुनिया जहान की बातें और मसलें सामने आते थे। पाकिस्तान के बारे में उनकी राय बहुत स्पष्ट थी। कभी किसी ने उनसे कहा था कि आप कभी पाकिस्तान गये हैं तो उन्होंने जवाब दिया था–"नहीं अभी तक नहीं गया। और उस वक़्त तक नहीं जाऊँगा जब तक पाकिस्तान के लोग जिन्ना की कब्र खोद कर और उनकी हड्डियाँ निकाल कर इधर–उधर फेंकेगे नहीं और यह नहीं कहेंगे कि यही आदमी था जिसने पूरे महाद्वीप को और ख़ासतौर से मुसलमानों को बरबाद कर दिया था।" उनका यह मानना था कि पाकिस्तान आधुनिक भारत की सबसे बड़ी ट्रेज़डी थी। वे द्विप राष्ट्रीय सिद्धान्त के कट्टर विरोधी थे और बंगलादेश का उदाहरण दे कर यह सिद्ध करते थे कि धर्म के आधार पर देश नहीं बन सकता।

इस बीच फ़िल्मों में मेरी दिलचस्पी बढ़ गयी थी। सन् 1976 के आसपास पुराने मित्र मुज्फ्फर अली जो एयर इण्डिया में पब्लिसिटी मैनेजर के रूप में काम कर रहे थे। एक नया प्रस्ताव लेकर मुम्बई से दिल्ली आये। उन्होंने कहा कि वे एक फ़िल्म बनाना चाहते हैं जो मुम्बई के टैक्सी ड्राइवरों के जीवन पर होगी। उनके साथ उनके चीफ़ एसिस्टेंट केतन मेहता भी आये थे। मुज़फ्फर अली ने मुझ से कहा था कि मैं उस फ़िल्म के संवाद लिखूँ। मैं नाटक आदि तो लिखा करता था लेकिन फ़िल्म के संवाद लिखने का कोई अनुभव न था। इस सिलसिले में बस एक छोटी–सी छलक उस वक़्त मिली थी जब 'क़िस्सा कुर्सी का' के डॉयरेक्टर और सांसद अमृत नहाटा ने मुझे अपनी दूसरी फ़िल्म के संवाद लिखने का काम सौंपा था। मैंने उनसे भी कहा था कि फ़िल्म के संवाद लिखने का मुझे कोई अनुभव नहीं है। उनका जवाब था कि चूँकि आप नाटक लिखते हैं इसलिए फ़िल्म के संवाद भी लिख सकते हैं। मैं आपको दृश्य बता दूँगा। उस दृश्य में क्या होता है यह बता

दूँगा। कौन–कौन से पात्र हैं इसकी जानकारी दे दूँगा और तब आप आसानी से संवाद लिख सकेंगे। यह सब कुछ हुआ लेकिन न तो अमृत नहाटा की दूसरी फ़िल्म की स्क्रिप्ट पूरी हो पाई और न फ़िल्मों के लिए संवाद लिखने का काम आगे बढ़ सका। मुज़फ्फर अली ने जब प्रस्ताव रखा था तब भी मुझे पूरी तरह ये आइडिया नहीं था कि फ़िल्मों के संवाद कैसे लिखे जाते हैं। मुज़फ्फर अली ने आश्वस्थ किया था कि केतन मेहता तुम्हारे साथ बैठ जायेंगे और डॉयलॉग लिखने का काम तुम दोनों मिल कर लेना। इस सम्बन्ध में कई बार मुम्बई आना–जाना हुआ और पूरी स्क्रिप्ट तैयार हो गयी। दरअसल केतन मेहता ने ही मेरे फ़िल्म स्क्रिप्ट और संवाद लेखन के गुरू हैं। बहरहाल ये फ़िल्म बनी और धीरे–धीरे फ़िल्मों के प्रति मेरा उत्साह बढ़ता चला गया। मुज़फ्फर अली की तीसरी फ़िल्म 'आगमन' के संवाद भी लिखे। मुम्बई में जो दूसरे दोस्त थे उनका नाम मदहोश बिलग्रामी था। वे भी फ़िल्मों के लिए लिखते थे। उनके माध्यम से उस समय मुम्बई के नये फ़िल्म निर्देशकों जैसे सईद मिर्ज़ा आदि से भी परिचय हुआ। कुछ दिनों बाद मैंने सोचा कि ख़ुद एक डोकोमेंट्री फ़िल्म बनायी जाए। बहुत कठिन परिस्थितियों में ग़ज़ल की कहानी नामक एक डोकोमेंट्री बनायी। यही वह दौर था जब दूरदर्शन में सिरियल बनना शुरू हुए थे। मैंने भी दूरदर्शन को एक सिरियल का प्रस्ताव दिया था। 'बूँद–बूँद' नाम का यह सिरियल बना और टेलीकास्ट हुआ था। लेकिन यह कहानी बहुत लम्बी है। दूरदर्शन के लिए और भी काफी काम किया लेकिन मैं कभी मीडिया की मुख्य धारा से जुड़ नहीं पाया जिसके कई कारण हैं। जामिया में नौकरी करते हुए मीडिया के लिए काम करना मुश्किल था। मेरे मीडिया से जुड़े सभी साथी मुम्बई में थे और सिरियल निर्माण का पूरा केन्द्र मुम्बई पहुँच चुका था। मैं दिल्ली में था। पक्की नौकरी थी जो छोड़ नहीं सकता था। एक ही साल बाद में आयी.सी.सी.आर. के तरफ़ से बुदापेस्ट चला गया था।

जाड़ों में मुजीब भाई को आमतौर पर बहुत सख़्त नज़्ला हो जाता था।

इलाज वग़ैरह करवाते रहते थे। एक दिन कहने लगे—भई नज़्ले का इलाज तो अलीगढ़ में हुआ करता था। अमीर निशां चौराहे पर हमीद मियाँ का होटल था जहाँ हम लोग खाना खाया करते थे। बस जनाब जैसे ही नजला ज़ोर पकड़ता था। हमीद मियाँ से, कहते थे और वो असली घी में खूब लाल मिर्चें और मसाला डालकर गोश्त पकाया करते थे। बस भई उसको खाते जाते थे और नाक से और आँखों से पानी बहता रहता था। एक ही दिन में नज़्ला हवा हो जाता था। अब वो इलाज़ कहाँ होगा।

एक बार डिपार्टमेंट आये तो पता नहीं बात कैसे निकल आयी कि उन घरों में क्या होता है जहाँ पति और पत्नि दोनों काम करते हैं। मुजीब भाई ने बहुत नपे—तुले और पक्के लफ़्जों में कहा—देखिये जनाब चाहे जो कुछ होता हो लेकिन जनाब शौहर साहब को ये मानना पड़ता है कि घर में जो कुछ भी खर्च होता है वह सब बीवी की तन्ख्वाह से होता है।' हम लोग बात की गहराई और उसके बैक ग्राउण्ड को समझ गये। अज़रा भाभी यानि मुजीब भाई की बेग़म साहिबा भी उस ज़माने की एक बड़ी संस्था में काम करती थीं।

मुजीब भाई को संगीत में कोई रुचि न थी। चित्र कला और मूर्ति कला में भी उन्हें कोई ख़ास दिलचस्पी न थी। फ़िल्म और नाटक से भी उन्हें कोई ज़्यादा लगाव न था। खेल—खूद और सैर—सपाटे में भी उनकी कोई दिलचस्पी न थी। पहनने—ओढ़ने और रहने—सहने में भी उनकी कोई प्राथमिकता न थी। वे कुछ भी पहन सकते थे। कहीं भी रह सकते थे। खाने—पीने में भी मुझे नहीं लगता उनकी कोई ऐसी पसन्द थी जिसका ज़िक्र करते हों। हाँ कभी—कभी अरहर की दाल और असली घी की बात कर लिया करते थे। टेक्नॉलोजी या विज्ञान में भी उनका कोई दख़ल न था। उनकी दिलचस्पी, उनका लगाव, उनका समर्पण, उनकी श्रृद्धा और आस्था केवल ज्ञान, साहित्य, समाज और राजनीति थी। पढ़ने का उन्हें बेपनाह शौक था। कभी—कभी कहते थे—अरे भई अब तक पुराना पढ़ा काम आ रहा है। अब कुछ नया पढ़ना चाहिए।' प्रशासनिक कामों की वजह से उन्हें नया पढ़ने का

उतना मौका नहीं मिल पाता था जितना वे चाहते थे।

मार्क्सवाद और गांधीवाद की चर्चा करते हुए एक बार मुजीब भाई ने बड़ी अर्थपूर्ण बात बताई थी। उन्होंने बताया था–"गांधी जी के पास कोई बहुत बड़े और पहुँचे हुए कम्युनिस्ट विद्वान आये और उन्होंने गांधी जी से कहा कि मैं आपको मार्क्सवाद के बारे में कुछ बताना चाहता हूँ। गांधी जी ने कहा था, ज़रूर बताओ, लेकिन उसमें कोई पारिभाषिक शब्द नहीं आना चाहिए।" यह सुनकर कम्युनिस्ट विचारक परेशान हो गये थे और उन्होंने गांधी जी से कहा था कि ऐसा कैसे हो सकता है कि कोई तकनीकी शब्द न आए।

मुजीब भाई में एक अजीब तरह की मस्ती और लापरवाही थी। उनके एक अलीगढ़ के मित्र ने बताया था कि एक बार मुजीब भाई के पजामे का एक पांयचा फट गया था जिसकी वजह से उन्हें रात में सोते समय कुछ दिक्कत हो रही थी। उन्होंने दूसरे पांयचा का भी उतना हिस्सा फाड़ दिया था ताकि दोनों पांयचे बराबर हो जाए और उन्हें सोने में कोई दिक्कत न हो।

एक दिन दोपहर को मैं उनके साथ उनके घर आया। बैठक में अपना बैग रखकर उन्होंने मुझसे कहा–"चलो भई, अब कुछ आराम कर लेते हैं।" ये कह कर वे अपना पैंट उतारने लगे। मैं थोड़ा हैरान हुआ लेकिन फिर देखा कि पैंट के नीचे उन्होंने पजामा पहन रखा है और कमीज के नीचे कुर्ता। मेरे कुछ कहने पर बड़ी लापरवाही से बोले थे–"अरे भई, अब बार–बार कुर्ता–पाज़ामा कौन उतारे और पैंट–कमीज कौन पहने।"

मुजीब भाई अपनी उंगुलियों से बालों में कंघा कर लिया करते थे। खाने–पीने के बारे में उनकी कोई ऐसी पसन्द या नापसन्द नहीं थी। हाँ असली घी के शौकीन थे। बताया करते थे कि उनके वालिद साहब के पास जब किसान लगान देने आते थे तो हर किसान एक लुटिया में थोड़ा–सा असली घी ज़रूर लाता था। एक बड़ा बर्तन रखा होता था जिसमें सब किसान अपना–अपना घी उलट दिया करते थे।

घी के मामले में कोई छुआ–छात नहीं थी।

उनके लतीफ़े भी बड़े मॉनीख़ेज़ हुआ करते थे। मेरे एक फ़िल्म मेकर मित्र परवीन अरोड़ा उन दिनों जामिया में काम करते थे और कभी–कभी मिलने हिन्दी डिपार्टमेंट आ जाते थे। एक बार मैं नहीं था। मुजीब भाई थे। हस्बेदस्तूर मुजीब भाई उनसे बातें करने लगे। परवीन अरोड़ा ने बाद में मुझे मुजीब भाई के अन्दाज़ में ही पूरी बात बताई थी। मुजीब भाई ने कहा था; देखो भाई हम लोग हिन्दी पढ़ाते हैं। हिन्दी भी अजीब भाषा है। इसमें सब कुछ हो सकता है प्यार नहीं किया जा सकता। मुहब्बत भरी बातें नहीं की जा सकती। मिसाल के तौर पर अगर तुम अपनी महबूबा से कहो कि आज तुम बड़ी क़ातिल लग रही हो तो वह ख़ुश होगी। लेकिन अगर तुम कहो कि आज तुम बड़ी हत्यारिन लग रही हो तो जूता लेकर दौड़ा लेगी।

मुजीब भाई का यह लतीफी दरअसल एक विमर्श की तरफ़ इशारा करता है जिसके लिए सीरियस बहस दरकार है। मुद्दा यह है कि क्या हिन्दी आज तक आम बोल चाल की भाषा नहीं बन सकी है? क्या हिन्दी परिवार की भाषा नहीं बन पाई हैं? क्या हिन्दी वाले जब प्यार करते हैं वो ब्रज, अवधी, भोजपुरी में करते हैं ?

मुजीब भाई अपने वालिद साहब और अपने बचपन के बारे में बहुत कम बात करते थे। एक दिन बातों–ही–बातों में अपने ख़ास अदाज़ में उन्होंने अपने वालिद साहब के बारे में बताया था–"सुबह खाना–वाना खाने के बाद...हज़रत उचक कर एक घोड़ी पर बैठ जाते थे...और घोड़ी सीधे तहसील पहुँच कर दम लेती थी...दिन भर तहसील में कभी इस अहलकार...कभी उस वकील के बस्ते पर बैठा करते थे...अपने मुक़दमों की पैरवी भी किया करते थे...और शाम होते ही जनाब घर आ जाते थे...ये उनका रोज़ का दस्तूर हुआ करता था।"

मुजीब भाई ने शायद लड़कपन में ही घर छोड़ दिया था और इलाहाबाद आ गये थे। पता नहीं क्या बात थी कि वे अपने घर के बारे में न तो ज़्यादा बात करते थे और न घर जाते थे। उड़ती–उड़ती

ख़बर सुनी थी, जो बिल्कुल ग़लत भी हो सकती है कि मुजीब भाई के वादिल ने उनकी माँ के मरने के बाद दूसरी शादी कर ली थी और सौतेली माँ से मुजीब भाई के बहुत अच्छे सम्बन्ध नहीं थे। इसलिए घर से उनका कोई लेना–देना न था। बहुत बाद में मेरे ख्याल से शायद रिटायरमेंट के बाद या उससे कुछ पहले वे ज़मीनें बेचने अपने गाँव गये थे। लेकिन यह भी कोई पक्की बात नहीं है।

मुजीब भाई को जल्दी ही ख़बर लग गयी थी कि मैं कुछ ऐसे लोगों के साथ घूमने–फिरने लगा हूँ जो समय बरबाद करने के विशेषज्ञ माने जाते हैं। एक दिन मुजीब भाई ने मुझसे कहा था–"भई सुना है, तुम आजकल घूम–घाम बहुत रहे हो...तुम्हारा पी–एच. डी. का काम कैसा चल रहा है।" यह बात बहुत सीधी–साधी थी लेकिन पता नहीं क्यों मेरे दिल को लग गयी। मैंने अपनी थीसिस के सभी अध्यायों के बारे में नोट्स ले लिए थे, कार्ड बना लिए थे। उस ज़माने में फोटो कॉपी की कोई कल्पना नहीं कर सकता था। इसलिए सारा काम हाथ से ही करना पड़ता था। थीसिस लिखने की पूरी तैयारी थी मेरे पास बस सिर्फ बैठकर लिखने का काम बचता था। मुजीब भाई के मीठे उलाहने के बाद मैंने यह तय किया कि अब मैं अपने आपको घर के अन्दर बन्द कर लूँगा और उस वक़्त तक बाहर नहीं निकलूँगा जब तक थीसिस पूरी न हो जायेगी। गर्मियों के छुट्टियों के दिन थे। मैंने खाने–पीने और सिगरेट का पूरा कोटा खरीदा और घर के अन्दर बन्द हो गया। बाहर न निकलने की वजह से कुछ दिनों के बाद नींद आना बन्द हो गयी थी और मैं रात–दिन सिर्फ लिखा करता था।

इस दौरान मुजीब भाई कई बार मेरे घर आये थे लेकिन बाहर लगे 'आउट ऑफ़ स्टेशन' के बोर्ड को देखकर लौट गये थे। मैं घर के अन्दर से यह देख लेता था कि फाटक खोल कर कौन अन्दर आ रहा है। लगभग एक महीने के बाद तीन सौ पेज तैयार हो गये थे। इसके बाद मैं मुजीब भाई से जाकर मिला तो उन्होंने पहला सवाल यही पूछा कि तुम्हारी थीसिस हो गयी?

मुजीब भाई फ़ारसी, अंग्रेज़ी, उर्दू, हिन्दी और अवधी भाषाएँ अच्छी तरह जानते थे। उन्होंने 'जायसी की पद्मावत' को अपने शोध का विषय बनाया था। वे जायसी के काव्य को ईरान के महा कवियों जैसे फिरदौसो, निज़ामी, सादी और रूमी आदि के काव्यालोक में पढ़ा और समझा करते थे। मलिक मोहम्मद जायसी तो फ़ारसी परम्परा से परिचित रहे होंगे और उनकी कविता में फ़ारसी काव्य की छाया अवश्य होगी। लेकिन मुजीब भाई ने तो तुलसी के काव्य में भी फ़ारसी प्रभाव खोज़ा है। उन्होंने शायद पहली बार यह स्थापित किया है कि तुलसी के 'राम का स्वरूप' बड़ी हद तक 16वीं शताब्दी के आदर्श पुरुष *(मर्द क़ामिल)* से मिलता–जुलता है। जायसी पर उन्होंने जो काम किया है उसका कम–से–कम हिन्दी में तो कोई जवाब नहीं है। तुलसीदास पर उनके कुछ लेख बहुत महत्त्वपूर्ण हैं जिनका प्रायः हिन्दी की आलोचक उल्लेख करते रहते हैं। अमीर खुसरो पर भी मुजीब भाई ने बहुत सार्थक काम किया है। चूँकि ऐसे लोगों की काफी कमी है जो हिन्दी और फ़ारसी दोनों भाषाएँ जानते हों। इसलिए मुजीब भाई के काम का महत्त्व और अधिक बढ़ जाता है।

मुजीब भाई बताया करते थे कि इलाहाबाद विश्वविद्यालय में वे और हिन्दी के विख्यात कवि शमशेर बहादुर सिंह एक ही हॉस्टल में रहा करते थे। उस समय युवा शमशेर बहादुर को ग़ज़लें लिखने का शौक था। मुजीब भाई बताते थे–"रोज सुबह शमशेर आठ–दस ग़ज़लें लेकर मेरे पास आया करते थे। मैं उन्हें पढ़ने के बाद फाड़कर फेंक दिया करता था और शमशेर से कहता था कि ग़ज़ल कहना हँसी मज़ाक नहीं है। शमशेर को न तो रदीफ़ और क़ाफ़िए का पता था और न ग़ज़ल की बहरों से वाक़फ़ियत थी।"

हिन्दी साहित्य के सम्बन्ध में मुजीब भाई की कुछ धारणाएँ बहुत मौलिक और विवादास्पद थी। मिसाल के तौर पर वे कहा करते थे कि छायावाद के अधिकतर कवियों की कविताएँ बनावटी हैं और उनका कोई प्रभाव पाठक पर नहीं पड़ता है। वे अपनी बात यहाँ से शुरू करते

थे कि छायावाद के प्रायः सभी कवि खड़ी बोली क्षेत्र से बाहर के कवि थे। खड़ी बोली उनकी मातृभाषा नहीं थी। खड़ी बोली हिन्दी उनके लिए सीखी या अर्जित की गयी भाषा थी और इस कारण वह बनावटी बोझिल और ऊबाउ लगती है। अर्जित की गयी भाषा में श्रेष्ठ कविता नहीं लिखी जा सकती है। वे ये भी मानते थे कि छायावादी कवियों ने संस्कृत शब्दावली और संस्कृत छन्दों का प्रयोग इसी कारण किया है कि वे खड़ी बोली हिन्दी काव्य भाषा और उसके छन्दों से परिचित नहीं थे। इसका एक कारण वे ये भी बताते थे कि उर्दू विरोध और हिन्दू–मुस्लिम अलगाव के कारण छायावादी कवियों को भाषा और काव्य शास्त्र का एक ऐसा परिवेश खोजना था जो खड़ी बोली उर्दू के काव्य संसार से अलग हो। इस सन्दर्भ में एक और महत्त्वपूर्ण बात वे बताते थे जिस पर भी ध्यान देने की आवश्यकता है। वे कहते थे कि छायावाद के कवि खड़ी बोली क्षेत्र से बाहर काव्य रचना कर रहे थे और उनके सामने ये सुविधा भी नहीं थी कि खड़ी बोली क्षेत्र के लोगों को अपनी कविता सुना कर उनकी संस्तुति लें या ये समझने का प्रयास करें कि वे जिनकी मातृभाषा खड़ी बोली हिन्दी है, वे उनकी कविता को किस रूप में स्वीकार कर रहे हैं।

छायावादी कविता के छन्दों पर बात करते हुए वे कहा करते थे कि छायावाद के अधिकतर छन्द संस्कृत के छन्द हैं जिनमें खड़ी बोली व्याकरण के बहुत से 'पद' नहीं समा सकते। वे इस सन्दर्भ में कविता की एक पंक्ति पढ़ा करते थे–"वियोगी होगा पहला कवि, आह से उपजा होगा गान।" वे कहते थे वियोगी होगा से क्या मतलब निकलता है। होगा का मतलब क्या यह है कि भविष्य में जाकर होगा या इसका मतलब यह है कि अतीत में कोई ऐसा कवि था। दरअसल कवि 'हुआ' होगा कहना चाहता है लेकिन उसके छन्द में 'हुआ' नहीं समा पा रहा। इस कारण उसने 'हुआ' को निकाल दिया। वे कहते थे कि संस्कृत छन्दों में 'अक्जिलरी वर्ब' (सहायक क्रिया) नहीं समा सकती। यही कारण है कि कवि आवश्यक होने के बाद भी 'हुआ' का प्रयोग नहीं कर पा रहा है।

छायावाद की प्रमुख काव्य प्रवृत्तियों जैसे पलायनवाद, मानवीकरण और प्रकृति प्रेम के सम्बन्ध में उनका मानना था कि ये विषय सीधे–सीधे योरोपीय कविता से ले लिए गये हैं। इनमें अपना देश, अपना समाज और अपनी समस्याएं नहीं हैं। ध्यान देने योग्य बात है कि छायावाद का समय राष्ट्रीय आन्दोलन का समय था और पूरे देश की चेतना पलायन की नहीं बल्कि संघर्ष की थी जबकि योरोप में औद्योगिकरण के दबाव ने पलायन को जन्म दिया था।

उन दिनों जामिया में पान खाने का बड़ा जबर्दस्त कलचर था। क्लासें खत्म होने के बाद चार–चार, पाँच–पाँच अध्यापकों के गुट स्टोर की तरफ़ आते थे। हायर सेकेंड्री के सामने स्टोर नाम की एक छोटी–सी बाज़ार हुआ करती थी जो अब नहीं है। इस बाज़ार का नाम स्टोर इसलिए पड़ा था कि यहाँ जामिया स्टोर हुआ करता था जहाँ से अध्यापक राशन आदि ले जाते थे। स्टोर में एक पान की दुकान थी। दुकान क्या थी एक लकड़ी का खोखा था जो नीम के पेड़ के नीचे रख दिया गया था। इस खोखे के अन्दर एक सफेद दाढ़ी वाले बुजुर्ग पान बनाया करते थे। उन्हें देख कर लगता था कि वे सदा से यही करते चले आ रहे हैं और सदा यही करते रहेंगे। यही दुकान थी जिसे हबीब तनवीर ने आगरा बाज़ार नाटक के मंच पर लगवा दिया था। पान बनाने वाले सज्जन का कोई नाम था जो मैं भूल गया हूँ। वे जानते थे कि कौन कैसा पान खाता है और दुकान के सामने खड़े अध्यापकों के चेहरे देखकर पान लगाना शुरू कर देते थे। मुजीब भाई को भी पान खाने का काफी शौक था। वे क़िमाम का देशी पत्ते वाला पान खाया करते थे। इसके अलावा वे सिगार भी पीते थे और प्रायः मैं ही उनके लिए कनाट प्लेस से सिगार का डिब्बा लाता था। मुजीब भाई हिसाब–किताब में बहुत साफ़ थे। सिगार के डिब्बे के पूरे पैसे देते थे और कभी ये उम्मीद नहीं करते थे कि उन्हें कोई 'ओबलाइज' करे।

हर अच्छी पत्नी की तरह अज़रा भाभी चाहती थी कि मुजीब भाई सिगार पीना बन्द कर दें क्योंकि सिगार से उनकी खाँसी बढ़ जाती थी

और वैसे भी उनकी सेहत के लिए भी नुक्सानदेह था। मुजीब भाई सिगार नहीं छोड़ना चाहते थे। अज़रा भाभी जब भी उन पर ज़्यादा ज़ोर डालती थीं तो वे एक भयानक क़िस्सा सुनाकर उन्हें ख़ामोश कर दिया करते थे। मिसाल के तौर पर एक दिन अज़रा भाभी ने उनके सिगार छोड़ने पर बहुत संजीदगी से बात की तो मुजीब भाई ने क़िस्सा सुनाया–भई एक साहब थे। सिगरेट बहुत पीते थे। पुरानी आदत थी। उनकी बीवी उनसे सिगरेट छोड़ने के लिए कहती थी। उस बात को लेकर अक्सर दोनों में काफी टेंशन हो जाता था। एक बार बीवी ने उनसे कुछ ऐसी बात कह दी कि उन्हें गुस्सा आ गया और उन्होंने कहा कि ठीक है मैं कल से सिगरेट नहीं पियुंगा। भई इतनी पुरानी आदत थी...अचानक सिगरेट छोड़ देने से उनकी अजीब कैफ़ियत हो गयी। गुस्सा उल्झन और परेशानी बढ़ती चली गयी। एक दिन जनाब रात में उनकी आँख खुल गयी। बड़ी हैज़ानी कैफ़ियत हो गयी। पागलों की तरह इधन–उधर घूमने लगे और जनाब वग़ैर कुछ सोचे–समझे अपना रिवाल्वर निकाला और कनपटी पर रख कर फायर कर दिया।'

–अब ऐसा भयानक क़िस्सा सुनने के बाद कौन बीवी अपने मियाँ से कह सकती है कि वह सिगार पीना छोड़ दे।

कॉलेज का काम खत्म होते ही मैं जामिया से बाहर निकल जाता था। चूँकि जामिया में नौकरी करने से पहले दिल्ली में साल–डेढ़ साल फ्रीलांसिंग कर ली थी इसलिए कई पत्रिकाओं और अख़बारों में दोस्तियाँ थीं। जामिया के माहौल से निकल कर अख़बारों के दफ्तरों में दोस्तों के साथ बैठना अच्छा लगता था। कभी–कभी किसी अख़बार या पत्रिका के दफ़्तर में कोई दोस्त कुछ काम भी पकड़ा देता था। जैसे किताब की समीक्षा लिखना, आलेख तैयार करना आदि। जिस दोस्त से मिलने जाता था वह अगर काम कर रहा होता तो मैं वहाँ बैठकर अख़बार और पत्रिकाएँ पढ़ा करता था।

मुजीब भाई प्रोफ़ेसर और 'हेड ऑफ़ दि डिपार्टमेंट' थे। उस ज़माने में रूल ये था कि हेडशिप 'रोटेट' करेगी। मतलब यह कि डिपार्टमेंट

में अगर एक और प्रोफ़ेसर होता तो 3 साल के बाद वह हेड बनता। लेकिन चूँकि और कोई प्रोफ़ेसर न था इसलिए हेडशिप मुजीब भाई के पास ही रहा करती थी। इस दौरान डिपार्टमेंट में एक रीडर का नियुक्ति हुई। नये रीडर कहीं और भी पढ़ा चुके थे और अपने पिछले नौकरी के अनुभवों के आधार पर वे मैरिट स्क्रीम में प्रोफ़ेसर हो सकते थे। उनके काग़ज़ मुजीब भाई को ही फॉर्वड करने थे। कुछ लोग मुजीब भाई से कह रहे थे कि वे इनके पेपर फॉर्वड न करे क्योंकि अगर नये रीडर प्रोफ़ेसर हो जाते हैं तो हेडशिप उनके पास चली जायेगी। मुजीब भाई ने इस राय के बर ख़िलाफ नये रीडर के काग़ज़ फॉर्वड कर दिये और नये रीडर प्रोफ़ेसर हो गये। प्रोफ़ेसर और फिर हेड हो गये। लोगों ने मुजीब भाई से कहा कि ये तो आप ने अपने पैर पर कुल्हाड़ी मार दी। मुजीब भाई ने जवाब दिया, 'अपने पैर पर कुल्हाडी मारने से वही डरते हैं जिनके दो पैर होते हैं।'

यह सच्चाई है कि मुजीब भाई अपने काम और व्यक्तित्व के कारण जामिया की रीड की हड्डी थे। वे डीन भी रहे, प्रो. भी रहे, प्रो–वाइस चांसलर भी रहे। लेकिन कभी उन्होंने अफसरी को पास नहीं फटकने दिया। ऊँची से ऊँची कुर्सी पर बैठ कर भी वे मुजीब भाई ही रहे।

मुजीब भाई से मुझे एक शिकायत हमेशा रही। शिकायत यह कि उन्होंने अपने आप को पूरी तरह जामिया को समर्पित कर दिया था। उनका जामिया से रिश्ता कुछ ऐसा था जैसे माँ और दूध पीते बच्चे का होता है। मैं चाहता था मुजीब भाई जामिया से बाहर भी निकलें। मुजीब भाई की विद्वता रो दिल्ली के बुद्धिजीवी और लेखक परिचित हों। लोगों को ये पता चले कि जामिया में एक ऐसा विलक्षण व्यक्ति और विद्वान मौजूद है। लेकिन मुजीब भाई ने कभी जामिया से बाहर निकलने की कोई कोशिश नहीं की। एक ज़माने में उन्हें आयी.सी.सी. आर. की तरफ़ से पोलैंड जाकर हिन्दी पढ़ाने का ऑफ़र था। लेकिन वे टालते रहे और नहीं गये। ऐसा भी नहीं है कि दिल्ली के लोगों से मुजीब भाई का परिचय ना रहा हो। वे भारत सरकार के बहुत बड़े अधि

ाकरियों को इस तरह जानते थे क्योंकि उनका भी सम्बन्ध इलाहाबाद से रह चुका था। एक बार वे मुझे अपने साथ शिक्षा मन्त्रालय के बहुत बड़े अधिकारी के पास ले गये थे। अधिकारी इतना बड़ा था कि उसके एक इशारे पर मुजीब भाई कहीं के वाइस–चांसलर हो सकते थे। बड़ा अधिकारी उनसे इस तरह मिल रहा था जैसे मुजीब भाई उसके बहुत आत्मीय हों। लेकिन मुजीब भाई ने अपने उन सम्बन्धों का कभी कोई लाभ नहीं उठाया। यू.जी.सी. में भी उनका परिचय शिखर के लोगों से था। लेकिन उनसे भी मुजीब भाई ने कोई नीजी फायदा नहीं उठाया।

एक बार मै जिद्द करके उन्हें 'दिनमान' के सम्पादक रघुवीर सहाय के पास ले गया था जो उस समय 'दिनमान' जैसी पत्रिका के सम्पादक थे। रघुवीर सहाय ने हम लोगों को प्रैस क्लैब में बुलाया था। उस 2 घण्टे की मिटिंग ने रघुवीर सहाय जैसा आदमी मुजीब भाई से इतना प्रभावित हो गया था कि उन्हें 'दिनमान' में लिखने की खुली छूट दी थी। लेकिन मुजीब भाई जामिया के कामों में इतने उलझे रहे कि उन्होंने 'दिनमान' के लिए कभी कुछ नहीं लिखा।

जामिया में मेरी नौकरी जारी थी। लेकिन उसकी अपनी सीमाएँ थीं। पता नहीं क्यों जामिया में या जामिया की नौकरी में मैंने किसी प्रकार की बहुत सक्रियता नहीं दिखाई। लगभग उतना काम किया करता था जितना बहुत ज़रूरी लगता था। दूसरे मित्र जामिया की स्टॉफ एसोशिएसन में बहुत एक्टिव थे लेकिन मुझे उसमें ज़्यादा रूचि न थी। जामिया के किसी गुट में भी में शामिल न था। यह प्रयास भी नहीं करता था कि जामिया का कोई पद प्राप्त हो जाए। जामिया के प्रति इस उदासीनता की वजह शायद यह थी कि मैंने अपने को पूरी तरह रचनात्मक लेखन के प्रति समर्पित कर दिया था। दिल्ली के साहित्यकारों और साहित्यिक गतिविधियों में पूरी तरह डूब गया था। वैसे भी चूँकि मेरी रूचि किसी प्रकार की अकादमिक उपलब्धि में नहीं थी। इसलिए पी–एच.डी. करने के बाद कोई दूसरा अकादमिक काम नहीं किया। सन् 1980 से लेकर 1983 तक जे.एन.यू. में 'सीनियर

रिसर्च फैलो' के तौर पर रहा। लेकिन वह काम भी न तो गम्भीरता से किया था और न उनका कोई अंश प्रकाशित कराया था। पी–एच.डी. के बाद प्रेमचन्द्र के पात्रों का एक सांख्यकीय अध्ययन ज़रूर किया था जो अपने आप में बहुत रोचक काम था। इसके अन्तर्गत प्रेमचन्द्र की सभी कहानियों के पात्रों का एक संख्या के आधार पर एक विशलेषण किया गया था। यह काम पूरा हो गया था। लेकिन आज तक छपा नहीं। जामिया में केवल नौकरी करने के कारण मेरी उस समय की जामिया के बारे में जानकारियाँ बहुत कम हैं। वाइस–चांसलर कौन बना है, डीन कौन है, प्राक्टर कौन है और रजिस्टार कौन है इसकी मुझे कोई जानकारी न रहती थी। हिन्दी विभाग की गतिविधियों में ज़रूर थोड़ा बहुत सक्रिय रहता था।

मुजीब भाई से जुड़ा हुआ एक बहुत दिलचस्प प्रसंग मुझे अक्सर याद आता रहता है। सन् 1984 के आसपास मुजीब भाई जामिया कॉलेज के प्रिंसिपल हो गये थे। वैसे भी जामिया की राजनीति में उनका बहुत प्रमुख स्थान था। सब लोग जानते थे कि मुजीब भाई अगर चाहें तो किसी को नौकरी मिल सकती है वग़ैरा–वग़ैरा। उर्दू विभाग में एक लेक्चरर की नियुक्ति हुई थी जो रीडर होना चाहते थे। इन सज्जन की उम्र अच्छी खासी थी पता नहीं क्या वजह थी कि वे अब तक रीडर नहीं हो पाये थे। ये सज्जन जामिया के नहीं थे बल्कि दिल्ली के किसी कॉलेज से जामिया आये थे।

एक दिन मुजीब भाई के ऑफिस में हम सब लोग बैठे हुए थे। इधर–उधर की बातचीत हो रही थी। इन सज्जन ने मुजीब भाई से कहा "डॉ. साहब मैं जहाँ बैठकर लिखता–पढ़ता हूँ वहाँ मैंने कुछ तस्वीरें लगा रखी हैं। एक तरफ़ शेक्सपियर की तस्वीर है, दूसरी तरफ़ मोपासां की है, उसके साथ मिल्टन, टाल्सटाय, फिर चेख़ब, फिर गोर्की... और बीच में मैंने आपकी तस्वीर लगाई है।" अधेड़ उम्र लेक्चरर को यह आशा थी कि यह बात सुनकर मुजीब साहब बहुत ख़ुश हो जायेंगे और उनकी तरक्की का रास्ता कुछ और साफ़ हो जायेगा। लेकिन

हुआ बिल्कुल उल्टा। मैंने पहली बार मुजीब भाई को गुस्से में देखा। उनका चेहरा लाल हो गया था और वे लगभग चिल्ला रहे थे। उन्होंने कहा–"आप ये क्या कह रहे हैं...क्या मतलब है आपका...आप समझ भी रहे हैं....आप मुझे समझते क्या हैं...आपको शर्म नहीं आती..." मुजीब भाई का डाँटना बन्द नहीं हो रहा था और ये सज्जन बहुत परेशान हो रहे थे आख़िर कार मैंने उनसे कहा, चलिये, बाहर चलिये। मैं उन्हें लेकर बाहर आया तो वे कहने लगे–"भाई मुझे अन्दाज़ा नहीं था कि प्रो. रिज़वी इतना नाराज़ हो जायेंगे।"

मैंने कहा–"आप रिज़वी साहब को ख़ुश करना चाहते थे न?... हमसे पूछ लेते कि रिज़वी साहब को कैसे ख़ुश किया जाता है...बहुत आसान तरकीब है...आप ये कहते कि रिज़वी साहब पद्मावत पढ़ रहा था... नागमति वियोग खण्ड में ये लाइन है जो मेरी समझ में नहीं आयी'...अगर आप रिज़वी साहब से ये कहते तो वे सारे काम छोड़कर आपको नागमति वियोग खण्ड समझाने लगते...और आपसे बहुत ख़ुश होते कि आप पढ़ने–लिखने में बहुत दिलचस्पी लेते हैं।"

प्रशासन चलाने का उनका अपना एक विशेष तरीक़ा था। एक बार विश्वविद्यालय के प्राक्टर महोदय ने किसी लड़के को 'रेस्टीकेट' कर दिया था। वह लड़का एक माना हुआ गुण्डा था। उसने प्राक्टर से बदला लेने के लिए एक दिन जामिया से कुछ दूर प्राक्टर की कार रोकी और उनके साथ बहुत ही अभद्र और गन्दा व्यवहार किया। यह ख़बर हम लोगों को मिली। वैसे ही बातचीत के दौरान मैंने मुजीब भाई से पूछा कि आप भी कई बार यूनिवर्सिटी के प्राक्टर रहे चुके हैं और आपने भी कुछ लड़कों को रेस्टीकेट किया होगा। क्या उन लड़कों ने आपके साथ भी उसी तरह का व्यवहार किया था जो इन प्राक्टर साहब के साथ किया गया है। मुजीब भाई बोले, ''मैंने जिन लड़कों का 'रेस्टीकेशन' किया था वे आकर मेरे पैर छुआ करते थे और कहते थे कि सर, आपने हमारे साथ जितना अच्छा किया है उससे अच्छा हो ही नहीं सकता था।''

एक बार विभाग की कुछ लड़कियों ने मुजीब भाई से एक लड़के

की शिकायत की और कहा कि वह हमें बहुत परेशान करता है। मुजीब भाई को बहुत गुस्सा आया और उन्होंने उस लड़के को बुलाया। लड़के से मुजीब भाई ने कहा, "गधे, बेवकूफ, नालायक हम तुम्हें कविता पढ़ाते हैं, कहानी पढ़ाते हैं, उपन्यास पढ़ाते हैं। अब क्या ये भी पढ़ाएँ कि लड़कियों से दोस्ती कैसे की जाती? अरे उल्लू, लड़कियों के लिए लाइबेरी से अच्छी–अच्छी किताबें निकलवा कर उन्हें दिया कर। उनकी नोट्स बनाने में मदद किया कर। उन्हें कोई छोटा–मोटा कलम प्रजेंट कर दिया कर। लड़कियाँ ख़ुश हो जायेंगी और उनसे तेरी दोस्ती हो जायेगी।"

पढ़ाने का जितना शौक मैंने मुजीब भाई में देखा है उतना कम ही लोगों में होता है। सेशन के खत्म होने से पहले विभाग में मीटिंग हुआ करती थी कि किस अध्यापक ने कितना कोर्स पूरा करा दिया है। अगर कोई अध्यापक यह कहता था कि उसका कोर्स पूरा नहीं हुआ है। इतना–इतना रह गया है तो यह सुन कर मुजीब भाई नाराज़ नहीं बल्कि ख़ुश होते थे और कहते थे कि चलो मैं कोर्स पूरा करवा दूंगा। मुजीब भाई को न सिर्फ पढ़ाने से दिलचस्पी थी बल्कि वे कई–कई घण्टे लगातार क्लास लिया करते थे और हम लोगों को शर्मिंदा कर देते थे।

विभाग के दूसरे साथियों पर पूरा विश्वास करने और उन्हें काम करने की पूरी छूट देने पर भी उनका यक़ीन था और आमतौर से कभी अपनी बात मनवाने और किसी तरह का दबाव डालने की कोशिश भी नहीं करते थे। यही वजह थी कि उनके साथ काम करने में मजा आता था। उनके न केवल मौलिक विचार हुआ करते थे बल्कि वे दूसरे के मौलिक विचारों का भी बहुत सम्मान करते थे।

एक दिन बातचीत के दौरान बोले थे कि जनाब आप लोगों ने भी जामिया में हिन्दी एम.ए. शुरू कर दिया है। ये बताइए दिल्ली यूनिवर्सिटी और जे.एन.यू. के एम.ए. में दाखिला न लेकर छात्र आपके यहाँ एम.ए. करने क्यों आयेंगे?' उनका सवाल बहुत महत्वपूर्ण था जिसका सम्बन्ध विभाग

के भविष्य से था। अपने सवाल का जवाब भी उनके पास था। उन्होंने कहा कि हम लोगों को अपना एम.ए. का कोर्स कुछ ऐसा बनाना चाहिए जो दूसरे विश्वविद्यालयों की तुलना में अलग और ज़्यादा उपयोगी हो। इसका रास्ता यह हो सकता है कि हम लोग हिन्दी के उन क्षेत्रों पर ध्यान दें जिन पर दिल्ली विश्वविद्यालय और जे.एन.यू. में ध्यान नहीं दिया जाता। मिसाल के तौर पर किसी विश्वविद्यालय के हिन्दी विभाग में 'क्रियेटिव राइटिंग' मतलब रचनात्मक लेखन नहीं पढ़ाया जाता। हम लोग क्यों न एम.ए. में क्रियेटिव राइटिंग का एक स्पेशल पेपर रख कर देखें।' उनकी सलाह हम सबको पसन्द आयी थी। उन्होंने यह भी बताया था कि अमेरिका के कुछ विश्वविद्यालयों में क्रियेटिव राइटिंग की पढ़ाई ही नहीं होती बल्कि क्रियेटिव राइटिंग पर पी–एच.डी. तक दी जाती है। उनका कहना था कि प्रेमचन्द्र के उपन्यासों पर अगर कोई पी–एच.डी. कर सकता है तो प्रेमचन्द्र को पी–एच.डी की डिग्री क्यों नहीं दी जा सकती। इसी तरह 'निराला' को पी–एच.डी. की डिग्री क्यों नहीं दी जा सकती। उनका तर्क ज़ोरदार था। तय पाया कि मैं अमेरिकी विश्वविद्यालयों में क्रियेटिव राइटिंग के कोर्सेज़ की तलाश करूँ और उस आधार पर एक नया पेपर बनाया जाए।

कुछ महीनों की लिखा–पढ़ी और भाग दौड़ के बाद यह पता चला था कि अमेरिका के 'आयोवा विश्वविद्यालय' में क्रियेटिव राइटिंग के कोर्स चलते हैं। वहाँ से उनका पाठ्यक्रम भी मँगा लिया गया था। हम लोगों में रचनात्मक लेखन का एक प्रश्न–पत्र तैयार किया था जिसमें समाचार–पत्र लेखन, रेडियो लेखन और फ़िल्म लेखन को सम्मिलित किया गया था। यह पेपर बहुत लोकप्रिय हुआ था और इसके आधार पर आगे चल कर विभाग ने रचनात्मक लेखन का एक पी.जी. डिप्लोमा भी शुरू किया था। उस समय देश की किसी यूनिवर्सिटी के हिन्दी विभाग में इस तरह का कोई कोर्स नहीं था। मुजीब भाई ने विभाग को जो दिशा दिखाई थी उस पर विभाग लगातार आगे बढ़ता रहा और विभाग ने टी.वी. पत्रकारिता का भी एक पी.जी. डिप्लोमा शुरू कर दिया था। इसमें कोई शक नहीं कि अगर मुजीब भाई ने यह रास्ता

न दिखाया होता तो आज जामिया के हिन्दी विभाग की जो प्रतिष्ठा है वह न होती।

सन् 1971 से लेकर अब तक जामिया बहुत बदली है। 'डीम टु बी यूनीवर्सिटी' से जामिया 'सेंट्रल यूनीवर्सिटी' बन गयी थी। जामिया को सेंट्रल यूनीवर्सिटी बनाने के सिलसिले में मुजीब भाई और उनकी पीढ़ी का बड़ा योगदान था। दरअसल मुजीब भाई ने जामिया को अपना पूरा जीवन समर्पित कर दिया था। ऐसा नहीं है कि इसके पीछे निःवार्थ सेवा का भाव था। मुजीब भाई आदमी थे और कोई आदमी ऐसा न होगा जिसमें कोई कमी न हो मुजीब भाई में भी कमियाँ थीं हो सकता है ज़्यादा रही हों। लेकिन मैंने इतना ज़रूर देखा कि मुजीब भाई जामिया में पद और प्रतिष्ठा के प्रति उदासीन नहीं थे।

जामिया में उनका अपना एक सशक्त गुट था। वे पूरी तरह गले तक जामिया की सत्ता–राजनीति में डूबे हुए थे। अपने गुट और अपने प्रियजनों के लिए रास्ता बनाने और अड़चने दूर करने में उनका जवाब न था। यही वजह थी कि वे कार्यकारी उपकुलपति के कुर्सी तक पहुंचे थे। कभी–कभी आश्चर्य होता था कि एक बुनियादी ईमानदारी और बेशर्म दुनियादारी के बीच उन्होंने कैसे तार मिलाये थे? क्या कोई मजबूरी थी? महत्त्वकांक्षा थी? या कुछ न था केवल अभ्यास था या वे अपने गुट के हित में यह सब करते थे जो कुछ भी हो मुजीब भाई फ़रिशता नहीं थे।

इसमें कोई सन्देह नहीं कि मुजीब भाई ने हिन्दी विभाग को स्थापित और आधुनिक स्वरूप दिया था और आज हिन्दी विभाग के जो लोकप्रिय कोर्स हैं वे एक तरह से मुजीब भाई की ही देन है।

मुजीब भाई जब रिटायर हुए, मैं उन दिनों जामिया में नहीं था। आई.सी.सी.आर. की एक योजना के अन्तर्गत बुदापैश्त, हंगरी में हिन्दी पढ़ा रहा था। इसलिए नीचे बताये जाने वाले प्रसंग का मैं साक्षी नहीं हूँ। मुझे दूसरे लोगों ने जो बताया है वह लिख रहा हूँ। अपने कार्यकाल के अंतिम दिन मुजीब भाई विभाग के कार्यालय आये। क्लर्क से बोले

कि भाई मैं आज रिटायर हो रहा हूँ। ये लो रजिस्टर और दूसरे कागज़ जो मुझे देना है। रजिस्टर और कागज़ देकर मुजीब भाई ने क्लर्क से हाथ मिलाया और उस विभाग से निकल गये जिसे उन्होंने बनाया था। उन सब में उस समय कोई न था जिनको वे 'डिपार्टमेंट' में लाये थे, जिनको पी–एच.डी. कराई थी। उन्हें तत्कालीन विभाध्यक्ष ने अपने कमरे में नहीं बुलाया। उन्हें कोई 'फेयरवेल पार्टी' नहीं दी गयी।

उनसे मिलने कोई नहीं आया। उन्हें दरवाज़े तक छोड़ने कोई नहीं गया। बाद में कुछ ने कहा उन्हें पता ही नहीं था। कुछ ने कहा वे क्लास ले रहे थे। कुछ ने कहा कि हमें किसी ने बताया ही नहीं। जल्दी ही सबको यह लगा कि मुजीब भाई के साथ विभाग ने अन्याय किया है। उन्हें जो आदर और सम्मान दिया जाना चाहिए था। वह क्यों नहीं दिया गया।

जामिया से रिटायर होने के बाद मुजीब भाई ईरानी सूचना और संस्कृति केन्द्र के एक प्रोजेक्ट में आमंत्रित कर लिए गये थे। इसके अन्तर्गत फारसी हिन्दी का एक बड़ा शब्दकोश बनाया जा रहा था। इन दिनों मुजीब भाई से मुलाक़ात हुई तो लगा कि वे पूरी तरह शब्दकोश बनाने में डूबे हुए हैं। बहुत विस्तार से और बहुत रूचि लेकर बताने लगे कि काम कैसे हो रहा है। मुझे लगा मुजीब भाई दरअसल स्कालर ही हैं। प्रशासन के कामों में उलझ कर उन्होंने अपनी विद्युता और रचनात्मकता को नुकसान ही पहुँचाया है। लेकिन सिक्के की तरह हर आदमी के भी कुछ पहलू होते हैं और वो इकहरा नहीं होता। अगर इकहरा होता है तो अधूरा रहता है।

फिर धीरे–धीरे विभाग मुजीब भाई को अपने विशेष कार्यक्रमों में आमन्त्रित करने लगा। उन्हें विशेष व्याख्यान देने के लिए आदरपूर्वक बुलाया जाने लगा। मुजीब भाई ने कभी पुरानी बातों की चर्चा नहीं की। प्रो. दुर्गा प्रसाद गुप्त ने अपने अध्यक्ष कार्यकाल के दौरान एक अच्छा निर्णय लिया और विभागीय पुस्तकालय का नामकरण 'प्रो. मुजीब रिज़वी पुस्तकालय' कर दिया गया।

मुजीब भाई की ज़िन्दगी में उनकी कोई आलोचनात्मक पुस्तक प्रकाशित न हो सकी। उनका केवल एक कहानी–संग्रह ज़रूर प्रकाशित हुआ था लेकिन यह उस समय की बात है जब वे इलाहाबाद में छात्र थे। जायसी पर थीसिस पूरी हो जाने के बाद भी वे उसे छपवाने को टालते रहते थे। कभी कहते थे इस पर अभी कुछ और काम करना बाक़ी है। कभी कहते कि थीसिस को पुस्तक का रूप देकर ही छपने को जायेगी। कुल मिला–जुला कर यह कहा जा सकता है कि वे 'परफेक्शनिस्ट' थे। एक–एक शब्द के लिए परेशान रहने वाले स्कॉलर को आप और क्या कह सकते हैं।

उनकी ज़िन्दगी में अगर उनकी किताबें छप गयी होतीं तो निश्चित रूप से वे हिन्दी आलोचक के रूप में प्रतिष्ठित हुए होते यदि उन्होंने इस दिशा में सक्रियता दिखायी होती। उन्होंने तुलसीदास, अमीर खुसरो और दूसरे सूफी कवियों के बारे में जो आलोचनात्मक लेखन किया है वह श्रेष्ठ है। मलिक मोहम्मद जायसी पर उनकी पी–एच. डी. के सम्बन्ध में हिन्दी के बड़े आलोचक यह मानते हैं कि ऐसा काम और किसी ने नहीं किया। उनके साथ बहुत बड़ा 'एडवॉन्टेज' ये था कि वे हिन्दी के साथ अवधी, फ़ारसी और इतिहास के भी विद्वान थे।

रिटायरमेंट के बाद उनसे मिलना–जुलना कम हो गया था। लेकिन जब भी मुलाकात होती थी उनके अन्दर वही मौलिकता और रचनात्मकता दिखाई पड़ती थी जो पहले थी। हर विषय पर उनकी अपनी अलग सोच हुआ करती थी। एक बार मैंने उनसे ज़िक्र किया था कि मैं जामिया के इतिहास पर कुछ लिखना चाहता हूँ। उन्होंने सुझाव दिया था कि मैं यह इतिहास एक अलग ढ़ंग से लिख सकता हूँ। उनका सुझाव था कि अगर मैं जामिया के कब्रिस्थान को आधार बनाकर जामिया के इतिहास लिखूँ तो यह एक नयी अपरोच होगी।

अपने अकादमिक काम के प्रति उदासीन रहने वाले मुजीब भाई ने कभी अपने लेख, अपने नोट्स और अपनी थीसिस तक को सम्भाल कर नहीं रखा। प्रो. नामवर सिंह ने राजकमल प्रकाशन से कहकर

उनकी थीसिस छपवाने के जब बात चलाई थी तब पता चला था कि थीसिस की कोई कॉपी मुजीब भाई के पास नहीं है। 'अलीगढ़ मुस्लिम विश्वविद्यालय' की लाइब्रेरी से थीसिस की कॉपी हासिल की जा सकती थी। लेकिन इस काम में भी उन्होंने पूरी लापरवाही बरती थी। उनके न रहने पर ही जायसी पर उनकी पुस्तक प्रकाशित हो पायी थी। अब भी अमीर खुसरो, तुलसीदास और मीर अनीस पर उनके लेखों का कोई संग्रह नहीं छप पाया है।

आज जामिया का इतिहास कल्पना लगता है और मुजीब भाई जैसे लोग उस कल्पना लोक के काल्पनिक पुरुष लगते हैं।

■■■

मैं हंगरी से लौटकर 1997 में आ गया था। तब तक मुजीब भाई रिटायर हो चुके थे। मैं प्रोफ़ेसर और उसके बाद विभागाध्यक्ष हो गया था। इस दौरान कुछ बड़े दिलचस्प अनुभव हुए जिनका ज़िक्र 'जामिया बीती' में आ ही जाना चाहिए। मेरे विभागाध्यक्ष कार्यकाल में जामिया में लेंफ्टीनेंट जनरल एम.ए. ज़की वाइस–चांसलर होकर आ गये थे। कारण ये था कि उससे पहले जामिया का प्रशासन इतना निकम्मा हो गया था कि भारत सरकार जामिया को एक कड़ा प्रशासक भेजना चाहती थी ताँकि हालात काबू में आ सके। नये वाइस–चांसलर महोदय बिल्कुल फ़ौज़ियों जैसे निडर, वक़्त के पाबन्द, उसूल कायदों को मानने वाले, ईमानदार और बहुत अच्छे इन्सान थे। लेकिन उनकी सख़्ती एक तरह का आतंक बन गयी थी। उन्होंने ऐसे बहुत प्रशासनिक काम किये थे कि लोग उनके नाम से थर–थर काँपते थे। लेकिन हक़ीक़त में वे जामिया को ढ़र्रे पर ले आये थे। उनके ज़माने का एक दिलचस्प वाक़्या शेयर करना चाहता हूँ। बी.ए. की एक क्लास के दो सेक्शन थे जिनमें से एक सेक्शन को एक महिला पढ़ाती थीं और दूसरे सेक्शन को एक महाशय पढ़ाया करते थे। एक दिन महाशय को कुछ काम था उन्होंने महिला अध्यापिका से कहा कि आज मैं क्लास नहीं ले पाऊँगा। तुम मेरे सेक्शन के लड़कों को अपनी क्लास में बैठाकर क्लास ले लेना। देवी जी महाशय के सेक्शन में गयी और लड़कों को बताया कि आज तुम्हारे सर क्लास नहीं ले पायेंगे। तुम लोग मेरे सेक्शन में आकर बैठ जाओ। लड़कों को तो बहाना चाहिए था। वे पूछने लगे कि हमारे सर को क्या हो गया है? लड़कों ने अपने अध्यापक का निकनेम 'मामू' रख छोड़ा था। एक लड़का कहने लगा कि क्या मामू बीमार पड़ गये हैं। इस पर

एक लड़की ने कहा कि तुम सबको मामू क्यों कह रहे हो। लड़के ने जवाब दिया कि क्यों तुम बुरा क्यों मान रही हो। क्या वे तुम्हारे अब्बा लगते हैं। इस पर लड़की ने लड़के को थप्पड़ मार दिया। फिर क्या था हंगामा शुरू हो गया और उसकी सूचना तुरन्त वाइस–चांसलर लेंफ्टीनेंट जनरल ज़की तक पहुँच गयी। प्रशासन के मामले में 'ज़ीरो परसेंट टालरेन्स' पर विश्वास करने वाले वाइस–चांसलर के ऑफिस से मेरे पास तुरन्त फोन आया कि आपको तलब किया गया है। इस बीच फ़ैक्लटी के डीन महोदय भी मेरे पास आ गये। उनको भी वाइस–चांसलर ऑफिस ने तलब किया था। डीन साहब को घटना की पूरी जानकारी थी। उन्होंने मुझसे पूछा कि वाइस–चांसलर को क्या बताओगे। मैंने कहा आप बताइये, क्या बताया जाए। उन्होंने कहा कह देना कि टीचर की तबीयत कुछ ख़राब हो गयी थी। इसलिए महिला अध्यापिका से कहा गया था कि वे उनके सेक्शन को भी पढ़ा दें। मेरे डीन के अलावा उन अध्यापक को भी बुलाया गया था जो क्लास लेने नहीं गये थे। हम तीनों वी.सी. ऑफिस पहुँचे। सबसे पहले मेरी और डीन साहब की तलबी हुई। सबसे पहला सवाल यही पूछा गया कि अध्यापक क्लास लेने क्यों नहीं गया था। मैंने डीन साहब की सुझाई बात बता दी। वाइस–चांसलर साहब ने कहा, आप ग़लत कह रहे हैं। मैंने कश्मीर बॉर्डर पर ढ़ाई लाख फ़ौज़ को कन्ट्रोल किया है। मैं यक़ीन के साथ कह सकता हूँ कि टीचर की तबीयत ख़राब नहीं हुई थी। अगर टीचर की तबीयत ख़राब हो गयी होती तो वह सबसे पहले जामिया डिस्पेंसरी में गये होते। मैं डिस्पेंसरी से रजिस्टर मंगा कर देखूँ कि वे वहाँ गये थे कि नहीं।' ये बात सुनते ही हम दोनों के छक्के छूट गये। हमारा झूठ सामने आ गया। हमने सिर झूका लिए। इसके बाद वाइस–चांसलर महोदय ने अपना भाषण जिसमें कुछ डाँट–डपट भी शामिल थी। कुछ देर बाद हम लोगों ने कहा कि क्या उस टीचर को भी हाज़िर किया जाए जो क्लास लेने नहीं गया था। वाइस–चांसलर बोले, बिल्कुल नहीं। मैं ऐसे टीचर की सूरत भी नहीं देखना चाहता जो क्लास नहीं लेता। आप लोग उसके साथ जो चाहें करें।'

हम लोग बाहर निकलकर आये तो देखा टीचर महोदय विजिटर्स रूम के एक कोने में बैठे थर–थर काँप रहे थे।

'हेड ऑफ़ दि डिपार्टमेंट' हो जाने के बाद विभाग और जामिया के प्रशासनिक कामों से और अधिकारियों से दूर रह पाना असम्भव था। तीन साल के लिए अध्यक्ष पद की जो ज़िम्मेदारी दी गयी थी उसे पूरा करने में कभी–कभी मज़ा भी आता था। लेकिन आमतौर से रूटीन वर्क करना बोरिंग भी हो जाता था।

एक दिन विभाग में बैठा था कि शमा ज़ैदी आ गईं जो लोग शमा ज़ैदी को नहीं जानते उनको यह बताना ज़रूरी है कि शमा ज़ैदी एक विदूषी महिला हैं। नाटक और फ़िल्म लेखन के क्षेत्र में उनका बड़ा योगदान है। विख्यात फ़िल्म निर्देशक श्याम बेनगल की अधिकतर फ़िल्में उन्होंने लिखी हैं। हिन्दी और उर्दू साहित्य में भी उनकी गहरी पेंट है। मौलिक और नये विचारों के प्रति उनका बड़ा लगाव है। उस ज़माने में वे ई.टी.वी. उर्दू की सलाहकार थीं। बल्कि उन्हीं के कहने से रामोजी ने उर्दू चैनल शुरू किया था। शमा ज़ैदी चैनल के लिए प्रोड्यूसरों की नियुक्तियाँ कर रही थीं। उन्होंने विभाग में आते ही कहा–देखिए, हमें उर्दू और हिन्दी जानने वाले अच्छे लड़के लड़कियाँ नहीं मिल रहे हैं।'

मैंने पता नहीं क्यूँ झोंक या अतिरिक्त उत्साह में कह दिया कि हम लोग हिन्दी विभाग में टी.वी. पत्रकारिता का एक कोर्स चला सकते हैं जो विषय विभाग के लोग पढ़ा सकते हैं वे पढ़ायेंगे और जो विषय विभाग के लोग नहीं पढ़ा सकते उनके लिए टी.वी. चैनलों से लोगों को बुलाया जा सकता है।'

यह सुन कर शमा ज़ैदी बहुत ख़ुश हो गईं और बैठे–बैठे उनके सामने टी.वी. पत्रकारिता कोर्स की एक रूप–रेखा तैयार हो गयी। जिसकी एक कॉपी वे अपने साथ ले गईं। मुझे क्या मालूम था कि मुझसे मिलने के बाद वे तत्कालीन वाइस–चांसलर सैयद शाहिद

महदी से मिलने जा रही हैं। उन्होंने वाइस–चांसलर से मुलाक़ात के दौरान इस प्रस्ताव की चर्चा की। शाहिद महदी साहब को यह बात बहुत पसन्द आयी।

जामिया में एक बहुत विख़्यात और प्रतिष्ठित 'मास कम्युनिकेशन एण्ड रिसर्च सेंटर' *(एम.सी.आर.सी.)* है जिसकी स्थापना सन् 1982 में एक भूतपूर्व वाइस–चांसलर अनवर ज़माल किदवई ने की थी। यह उनका एक सपना था। उन्होंने इस सम्बन्ध में बहुत प्रयास किये थे। वे यह मानते थे कि आने वाले समय में मास कम्युनिकेशन का महत्त्व बहुत बढ़ जायेगा। उनका यह मानना बहुत उचित था। आज मास कम्युनिकेशन के बिना समाज की कल्पना नहीं की जा सकती।

किदवई साहब के प्रयासों से कनाड़ा इंटरनेशनल डिप्लपमेंट एजेंसी, कनाड़ा की योर्क यूनिवर्सिटी और जापान फाउण्डेशन की सहायता से यह सेंटर खोला गया था और उस समय देश का सबसे उन्नत 'मास मीडिया एजुकेशन सेंटर' था जिसमें कुछ कनाड़ा के प्रोफ़ेसर भी पढ़ाया करते थे। यह सेंटर शिक्षा सम्बन्धी विडियो प्रोग्राम बनाने के लिए बहुत प्रसिद्ध हो गया था। यू.जी.सी. और सी.ई.सी. के लिए इस सेंटर में बड़ी संख्या में बहुत अच्छे प्रोग्राम बनाये थे। सेंटर के पास आधुनिक उपकरण और स्टूडियो थे। किदवई साहब चाहते थे कि जामिया में होने के बावजूद यह सेंटर एक तरह से 'आटोनामस' रहे। कुछ सीमा तक उनका यह प्रयास सफल भी हुआ था। रिटायर होने के बाद किदवई साहब इस सेंटर के चेयरमैन हो गये थे। सेंटर के कामों में बहुत सक्रियता से रुचि लेते थे। क्योंकि किदवई साहब भारत सरकार में सूचना और प्रसारण मन्त्रालय के सचिव भी रहे चुके थे। इसलिए सरकारी संस्थाओं से सहायता लेना या उनके साथ मिलकर काम करना बहुत सरल था। किदवई साहब अच्छे प्रशासक थे। इतना विशाल, भव्य और आधुनिक सेंटर बनाने के बाद शायद उनके मन में यह विचार आया होगा कि उनके बाद इस सेंटर को कौन चलायेगा? निश्चित रूप से वे चाहते होंगे कि उनके बाद सेंटर का निर्देशक या डारेक्टर ऐसा आदमी बने जो उनके विश्वास का योग्य व्यक्ति हो। किदवई साहब

ने अपने उत्तराधिकारी के रूप में प्रोफ़ेसर हबीब किदवई का चयन किया था जो उनके कार्यकाल ही में सेंटर आ गये थे। प्रोफ़ेसर हबीब किदवई ने फिजिक्स में ऑक्सफोर्ड यूनिवर्सिटी से पी–एच.डी. किया था और वे मूल रूप से वैज्ञानिक थे। उनके अन्दर प्रशासन की वह क्षमता नहीं थी जो किदवई साहब में थी। बहरहाल लम्बे समय तक ये दोनों लोग सेंटर को चलाते रहे। किदवई साहब की मृत्यु के बाद सेंटर की बागडोर प्रोफ़ेसर हबीब किदवई के हाथ में आ गयी थी। कुछ ही साल बाद सेंटर की आन्तरिक गुट बन्दी और जोड़–तोड़ के कारण सेंटर का काम बहुत शिथिल पड़ गया था।

सेंटर बनने के लगभग 20 साल बाद जब शाहिद महदी साहब वाइस–चांसलर बने तब इस सेंटर की हालत कुछ अजीब थी। एक एम.ए. का कोर्स चलता था, बहुत कम प्रोडक्शन होता था। पूरा सेंटर एक तरह से बहुत निष्क्रिय हो चुका था। वाइस–चांसलर चाहते थे कि सेंटर में नये कोर्स शुरू किये जाएं, प्रोडक्शन का काम आगे बढ़े लेकिन 'मास कम्युनिकेशन सेंटर' के तत्कालीन डॉरेक्टर और अध्यापक यह मानते थे कि हम जो कुछ भी कर रहे हैं वह बहुत है और इससे अधिक कुछ नहीं किया जा सकता। कुछ स्थितियाँ भी ऐसी थीं कि वाइस–चांसलर सेंटर पर बहुत ज़ोर नहीं डाल सकते थे लेकिन वे ये भी चाहते थे कि जामिया का सबसे विख़्यात और प्रतिष्ठित 'मास कम्युनिकशन सेंटर' नयी चुनौतियों का सामना करे। नये कोर्स खोले जाएं और प्रोडक्शन की गतिविधियों को आगे बढ़ाया जाए। लेकिन उनके प्रयास सफल नहीं हो रहे थे।

मेरे विचार से शमा ज़ैदी ने शाहिद महदी साहब के सामने जब हिन्दी डिपार्टमेंट में टी.वी. पत्रकारिता के कोर्स की बात रखी तब जामिया के 'मास कम्युनिकेशन सेंटर' से उनका मोह भंग हो चुका था और उन्होंने सोचा होगा कि अगर हिन्दी विभाग इस क्षेत्र में कुछ करना चाहता है तो उसे अवसर दिया जाना चाहिए।

हिन्दी विभाग में एक नये रूप में टी.वी. प्रत्रकारिता के एक वर्षीय पी.जी. डिप्लोमा को शुरू किया था। इस कोर्स में जामिया के मास

कम्युनिकेशन सेंटर के अलावा अंग्रेज़ी और उर्दू विभागों को भी शामिल किया गया था। विचार यह था कि तकनीकी सपोर्ट मास कम्युनिकेशन से मिलेगी, भाषा और सम्प्रेषण के क्षेत्र में अंग्रेज़ी, उर्दू और हिन्दी के विभाग अपनी भूमिका निभायेंगे। टी.वी. चैनलों से विशेषज्ञों को बुलाया जायेगा।

कोर्स शुरू हुआ और पहले ही साल जामिया के प्रमुख कोर्सेज़ में गिना जाने लगा। इस बीच जामिया के मास कम्युनिकेशन सेंटर में और गतिरोध बढ़ गया था। प्रोफ़ेसर हबीब किदवई बीमार रहने लगे थे। सेंटर के दूसरे अध्यापक किसी भी तरह के परिवर्तन या प्रगति के प्रति शंकालु बने हुए थे। इस गतिरोध को तोड़ने के लिए वाइस–चांसलर शाहिद महदी साहब ने मुझे जामिया की मास कम्युनिकेशन सेंटर में भेज दिया। उन्होंने मुझसे कहा था कि मुझे दो काम करने होंगे। पहला एम.ए. मास कम्युनिकेशन सेंटर का पाठ्यक्रम निर्धारित करके उसे प्रकाशित कराना होगा क्योंकि 20 साल बाद भी सेंटर ने पाठ्यक्रम प्रकाशित नहीं किया था। यह जानकारी मिलना कठिन था कि उनको क्या और कितना पढ़ाया जाता है। मेरी दूसरी ज़िम्मेदारी एक नया कोर्स खोलने की थी। शाहिद महदी साहब के प्रयासों से 'फोर्ड फाउण डेशन' ने सेंटर को डिबलपमेंट कम्युनिकेशन का एक कोर्स खोलने के लिए अच्छी–ख़ासी धनराशि दे दी थी। सेंटर में नये कोर्स शुरू करने में सबसे बड़ी कठिनाई यह थी कि सेंटर के लगभग सभी अध्यापक यह नहीं चाहते थे कि कोई नया कोर्स खोला जाए। शायद उनका सोचना यह था कि नये कोर्स के क़ारण पुराने कोर्स मतलब मास कम्युनिकेशन में एम.ए. का महत्त्व कम हो जायेगा। दूसरा कारण ये भी हो सकता था कि नये कोर्स में नये अध्यापकों की नियुक्ति होगी और सेंटर में सत्ता समीकरण बदल जायेंगे। मेरे लिए ये दोनों ही काम करना बहुत कठिन थे क्योंकि शर्त ये भी कि ये दोनों काम सेंटर के अध्यापकों की सहमति से होना चाहिए। लगातार असफलताओं और प्रयासों के बाद ये दोनों काम हो पाये थे।

एक आध साल के बाद शाहिद महदी साहब ने प्रोफ़ेसर हबीब

किदवई के लम्बे अवकाश पर चले जाने के बाद मुझे सेंटर का प्रोफ़ेसर इंचार्ज बना दिया था। दरअसल सेंटर के पुराने अध्यापक मुझे 'बाहरी' आदमी मानते थे। उनका यह कहना था कि मुझे मास कम्युनिकेशन का कोई अनुभव नहीं है क्योंकि मैं हिन्दी का प्रोफ़ेसर हूँ। वे यह भूल जाते थे कि मुझसे पहले सेंटर के जो डॉरेक्टर थे वे फिजिक्स के विशेषज्ञ थे। उनका भी कोई सम्बन्ध मास कम्युनिकेशन से नहीं था। सेंटर के टीचर ये भी समझते थे कि वाइस–चांसलर मेरे माध्यम से सेंटर पर कंट्रोल करना चाहते हैं। इसलिए सेंटर के अध्यापक एक तरफ़ थे और मैं अकेला दूसरी तरफ़ था। इस स्थिति में काम करना बहुत कठिन था।

मेरे लिए सेंटर में काम करना काफी कठिन था। असहयोग के अलावा स्थिति यह थी कि सुबह–ही–सुबह मेरी मेज पर 30–40 फाइलें रख दी जाती थीं और यह अपेक्षा की जाती थी कि मैं उन्हें देख और समझ कर उन पर दस्तख़्त करूँगा। इसके अलावा प्रशासन सम्बन्धी अनेक काम थे जो करते–करते पूरा दिन बीत जाता था। मतलब यह पूरी तरह एक प्रशासनिक पद था। किसी तरह की रचनात्मकता न थी। जामिया के बाहर सी.ई.सी. की नीरस मिटिंगों में काफी समय बर्बाद होता था। कभी–कभी ये मिटिंगें दूसरे शहरों में भी हुआ करती थीं। मुझे लगता है शाहिद महदी साहब को मुझसे जो अपेक्षाएँ थी वे भी पूरी नहीं हो रही थी। सेंटर में चूँकि पैसे का भी कुछ खेल था इसलिए कुछ मामले बहुत उलझ गये थे। प्रशासनिक स्टॉफ में भी गिरोह बन्दियाँ थीं। बहुत से काम इन गिरोह बन्दियों के कारण न हो पाते थे। शाहिद महदी साहब ने ये पक्का निश्चिय कर लिया था कि सेंटर के गतिरोध को तोड़ना है और इसके लिए नयी नियुक्तियाँ करना आवश्यक है। नियुक्तियों के लिए प्रक्रिया शुरू की गयी और नये लोग आये। कमनयुटी रेडियो का प्रोजक्ट भी शुरू हुआ। एक और पी.जी. डिप्लोमा भी शुरू किया गया।

सेंटर के सविधान के अनुसार डॉरेक्टर की नियुक्ति होनी थी। शाहिद महदी साहब चाहते थे कि चूँकि मैंने सेंटर में इतना काम किया

है इसलिए डॉरेक्टर के पद पर मेरी नियुक्ति हो। नियमों के अनुसार तीन लोगों के नामों का एक पैनल जामिया की विभिन्न कमेटियों से स्वीकृत होने के बाद राष्ट्रपति को भेजा जाता था और राष्ट्रपति उसमें से एक नाम चुन लेता था। सेंटर में प्रभावशाली अध्यापकों का एक ऐसा गुट था जो किसी भी क़ीमत पर मुझे डॉरेक्टर नहीं बनने देना चाहता था। तीनों नामों के पैनल में पहला नाम मेरा था और आशा की जाती थी कि राष्ट्रपति पहले नाम पर स्वीकृति देंगे। जामिया से पैनल राष्ट्रपति भवन भेज दिया गया।

मुझे उड़ती–उड़ती ख़बरें मिल रही थी कि राष्ट्रपति भवन कार्यालय में क्या चल रहा है। मेरे विरूद्ध कैसा माहौल बनाया जा रहा है। किस प्रकार की चिट्ठियाँ भेजी जा रही हैं। किस प्रकार की सिगनेचर कम्पेन हो रही है। मेरे विरूद्ध क्या तर्क दिए जा रहे हैं। एक–दो शुभचिन्तकों ने मुझसे कहा भी कि मैं भी इस दौड़ में शामिल हो जाऊँ और अपने पक्ष को मज़बूत करने के लिए कुछ करूँ। उस समय राजनैतिक हालात कुछ ऐसे थे कि अगर मैं कुछ करने की कोशिश करता तो कर सकता था। लेकिन मैंने नहीं की। न करने के दो–तीन कारण थे। पहला तो यही था कि मैं अपने बारे में किसी से सिफारिश नहीं कराना चाहता था। दूसरा कारण यह था कि अगर सेंटर में बहुमत मेरे ख़िलाफ़ है तो पाँच साल के लिए डॉरेक्टर बनना काफी कठिन काम होगा। तीसरा कारण ये भी हो सकता कि एक दो साल में ही मैं समझ गया था कि डॉरेक्टर का काम शुद्ध रूप से प्रशासनिक है जिसमें मुझे कोई रूचि नहीं है बल्कि अरूचि है। पाँच साल तक अरूचि का काम करने के बाद निश्चित रूप से हालत ख़राब हो जाती।

कुछ महीनों बाद राष्ट्रपति भवन से जो नाम आया वह मेरा नहीं था। मेरे ख्याल से इसका सबसे ज़्यादा अफसोस शाहिद महदी साहब को हुआ होगा। मैं तो ख़ुश ही था। मैंने एक साल की छुट्टी ली और घूमने के लिए ईरान चला गया। कोई डेढ़–पौने दो महीने के बाद ईरान

और आजरबाइजान लौट कर आया तो यात्रा संस्मरण लिखा। 'चलते तो अच्छा था' के नाम से इसे राज कमल प्रकाशन ने छापा है। इसके बाद यात्राओं का सिलसिला जारी रहा, नये नाटक लिखे, पाँच–छः किताबें छपी। सोचता हूँ अगर पाँच साल के लिए 'एम.सी.आर.सी.' का डॉयरेक्टर बन गया होता तो यह काम नहीं हो सकता था। मुझे याद है एम.सी.आर.सी. के पुराने डॉयरेटर हबीब किदवई साहब ने एक बार मुझसे कहा था–फ़िज़िक्स इज़ माई फर्स्ट लव।' मतलब यह कि फ़िज़िक्स को छोड़ कर वे लम्बे अर्से तक एम.सी.आर.सी. के डॉयरेक्टर पद पर बने रहे, एक ऐसा काम करते रहे जो उनका 'फर्स्ट लव' नहीं था। मुझे लगता है इसका असर उनकी सेहत पर भी पड़ा था।

एम.सी.आर.सी. से निकलकर मैं हिन्दी विभाग आ गया था और पुराने ढ़र्रे पर ज़िन्दगी चल निकली थी। पढ़ाने के बाद मेरी दो ही प्राथमिकताएँ थी, लिखना या पर्यटन। ऐसी जगहों पर जाने का शौक था और है जहाँ लोग न जाते हों और जहाँ सीधे और सच्चे जीवन को देखा जा सके। मेरी यात्राओं पर आधारित चार किताबें देखी जा सकती हैं। हिन्दी विभाग में मुझे एक अच्छा और बड़ा कमरा मिल गया था। जिसमें मैं रात में जब तक चाहता बैठ सकता था। अक्सर रात के आठ–नौ बज जाते थे और मैं अपने काम में लगा रहता था। लेखन के अलावा चित्रकला में जो रुचि थी उसे भी पूरा करने का मौका मिल रहा था।

सन् 2009 में नजीब जंग साहब जामिया के वाइस–चांसलर हो गये थे। भारतीय प्रशासनिक सेवा में रहते उन्होंने बड़ी ज़िम्मेदारी के पदों पर काम किया था। हर नये वाइस–चांसलर की तरह ये भी जामिया के एम.सी.आर.सी. का विकास करना चाहते थे। वहाँ स्थिति ये थी कि कोई डॉयरेक्टर ही न था और वाइस–चांसलर साहब एम.सी.आर.सी. के किसी प्रोफ़ेसर को डॉयरेक्टर नहीं बनाना चाहते थे। इसलिए पता नहीं किसके सुझाव पर मेरे लिए ये आदेश आ गया कि मुझे एम.सी.आर.सी. का कार्य भार सम्भालना। जामिया में रहते हुए वाइस–चांसलर के आदेश की अवहेलना करना तो असम्भव था। मैं

उनसे मिला उन्होंने मुझसे कहा कि आप बहुत सख़्ती से एम.सी.आर. सी. का प्रशासन चलाइये। मैं आपको पूरा सपोर्ट करूँगा। मैं एम.सी. आर.सी. बैठने लगा। अब यहाँ स्थिति कुछ बदल चुकी थी। नये लोगों की नियुक्तियाँ हो गयी थीं और पुराने अध्यापकों का जो एकाधिकार था वह टूट चुका था। कुछ ही महीने हुए थे कि वाइस–चांसलर का एक और आदेश आया कि उन्होंने एम.सी.आर.सी. के एक प्रोफ़ेसर को ही डॉयरेक्टर नियुक्त कर दिया है। मैं लौटकर फिर हिन्दी विभाग में आ गया। इस बीच नजीब जंग साहब से कई बार मुलाक़ातें हुई थीं। साहित्य और कलाओं में उनकी रूचि से परिचय हुआ था।

65 साल की उम्र में जामिया से रिटायर हुआ। बहुत ख़ुश था कि अब पढ़ाने और मीटिंगों में जाने की वह छोटी–मोटी ज़िम्मेदारी भी ख़त्म हो गयी है और मैं आराम से अपना काम करूँगा। लेकिन होना कुछ और था। एक दिन वाइस–चांसलर साहब के प्राइवेट सेक्रेट्री का फोन आया कि साहब ने आपको याद किया।

मैंने पूछा मीटिंग का एजेंडा क्या है तो जवाब मिला कि यह साहब ही आपको बतायेंगे। मैं जंग साहब से मिलने गया तो इधर–उधर की बातचीत के बाद उन्होंने पूछा–आप ने 'रीएमप्लायमेंट' के लिए क्यों नहीं अप्लाइ किया।'

मैंने कहा–मुझे कुछ अपने लिखने–पढ़ने के काम पूरे करने हैं।'

उन्होंने कहा–आपको जामिया में अपने लिखने–पढ़ने के काम से कोई रोकता है।'

मैंने कहा–नहीं।'

उन्होंने जवाब दिया तो आप फौरन वही एम्पलायमेंट के लिए अप्लाइ करें.....तीन साल का रीएम्पलायमेंट मिल सकता है।'

रीएम्पलायमेंट मिल गया लेकिन उसकी शर्तें ऐसी हैं कि वेतन वो नहीं मिलता जो पहले मिलता था। कुछ क्लास भी पढ़ाने के लिए दिए जाते हैं। लेकिन फिर भी लोड़ कम ही रहता है और सबसे बड़ी बात यह थी कि जामिया में बैठ कर काम करने की जगह सुरक्षित थीं।

शायद दो साल के बाद नजीब जंग साहब दिल्ली के लेफ्टीनेंट

गर्वनर हो गये और उसके बाद मैं पूरी तरह रिटायर हो गया। सन् 1971 से लेकर 2014 तक जामिया में काम किया। न सिर्फ़ जामिया ने बहुत प्रभावित किया बल्कि एक भरी पूरी ज़िन्दगी जीने का मौका दिया जिसके लिए मैं संस्था का ऋणी हूँ।

■■■

जामिया का इतिहास : ये बज़्मे दिल है

ये मेरा चमन है

पहला पड़ाव

सन् 1920–21

बाहर अँधेरे ने अपनी चादर फैला दी है।कमरे में जितने लोग बैठे हैं सब उदास हैं। उनके सिर झुके हुए हैं और आँखों के किनारे कुछ गीले हैं। कहने के लिए बहुत कुछ है और वह सब कहा जा चुका है। ऐसा लगता है जैसे हार और शर्मिन्दगी ने पूरे माहौल को रंग डाला है। मौलाना मोहम्मद अली खामोशी से छत को घूरे जा रहे हैं और मौलाना शौक़त अली ने एक किताब उठा ली है। कमरे में बैठे बाक़ी लोग एक दूसरे से अंजान बने बैठे हैं। महात्मा गांधी दूसरे कमरे में आराम करने चले गए हैं।

अक्टूबर का महीना खत्म होने के करीब है और अलीगढ़ में सर्दी बढ़ रही है। लेकिन यह सर्दी मुल्क में होने वाली गर्मी का मुकाबला नहीं कर पा रही क्योंकि पूरे देश में सब के दिल जल रहे हैं। असहयोग आन्दोलन और खिलाफत आन्दोलन ने पूरे देश में आग लगा दी है। असहयोग आन्दोलन का एक पहलू यह भी है कि अंग्रेजी सरकार के स्कूल और कॉलेजों से अलग हो जाएँ। इस सिलसिले में अलीगढ़ मुस्लिम विश्वविद्यालय के लड़कों का एक ग्रुप मौलाना मोहम्मद अली और मौलाना शौकत अली से मिलने गया था और उसने दरख्वास्त

की थी के असहयोग आन्दोलन की कॉल देने के लिए वह लोग अलीगढ़ आएँ।

मौलाना मोहम्मद अली और शौकत अली महात्मा गांधी को साथ लेकर कल ही अलीगढ़ पहुँच गये हैं और आज अलीगढ़ मुस्लिम यूनिवर्सिटी के यूनियन हॉल में एक जलसा रखा गया है। जिसमे गांधी जी, मौलाना मोहम्मद अली और शौक़त अली के अलावा और छात्रों ने भी भाषण दिए जिन्होंने असहयोग आन्दोलन के तहत यूनिवर्सिटी छोड़ देने की कॉल दी। लेकिन इन सब भाषणों का कोई खास असर न पड़ा। अली बन्धुओं को ये उम्मीद थी कि उनके जोशीले भाषण ज़रूर अपना असर डालेंगे। कम तादाद ही सही लेकिन कुछ लड़के असहयोग आन्दोलन के तहत यूनिवर्सिटी छोडेंगे। लेकिन मिटिंग के बाद ये साफ़ लगने लगा कि अली ब्रदर्स और महात्मा गांधी का अलीगढ़ आना बिल्कुल बेकार जायेगा।

रात के सन्नाटे में कमरे के दरवाजे पर कुछ आहट हुई और कुछ लड़के इजाज़त लेकर अन्दर आ गए। उन्होंने दिन में घटी घटनाओं पर माफ़ी माँगी और कहा कि हम लोगों ने कल फिर यूनियन हाल में एक जलसा रखा है जिसमें आप लोग ज़रूर आइए। इस मसले पर फिर बातचीत और बहस होगी। और यकीन है हमें कामयाबी मिलेगी क्योंकि बहुत लड़के हैं जो खिलाफत आन्दोलन और असहयोग आन्दोलन के लिए सच्चे दिल से कुछ भी करने को तैयार हैं।

यूनियन हाल मैं तकरीरें हो रही है और आज रंग कुछ बदला हूआ है। खिलाफत आन्दोलन और असहयोग आन्दोलन के चाहने वाले बड़ी जोशीली तकरीरें कर रहे हैं। इसी दौरान अली ब्रदर्स हाल में दाखिल होते हैं और तालियों की गड़गड़ाहट से उनका स्वागत किया जाता है। मौलाना मोहम्मद अली अपनी जोशीली और भारी आवाज़ में तकरीर शुरू करते हैं। यूनियन हॉल में उनकी आवाज़ गूँजने लगती है। वे बताते हैं कि आजादी हासिल करने के लिए अंग्रेज़ी शिक्षा और

अंग्रेज़ी स्कूलों और कॉलेजों का बॉयकाट ज़रूरी है। मौलाना इस बात पर ज़ोर देते हैं कि अंग्रेज़ी तालीम ने किस तरह मुल्क और कौम को कुचल कर रख दिया। आख़िरकार यूनिवर्सिटी छोड़ने की बात उभरकर सामने आती है। माहौल बहुत जज़्बाती हो गया है। इसी दौरान किसी ने कहा कि ठीक है हम यूनिवर्सिटी छोड़ देंगे लेकिन फिर हमारा क्या होगा? जो लोग हमसे यूनिवर्सिटी छोड़ने के लिए कह रहे हैं क्या वे हमारे लिए बेहतर तालीम का इन्तज़ाम कर पाएँगे? बात बिल्कुल सही कही गयी लेकिन जोश के चलते यह बात किसी की समझ में न आयी और बोलने वाले को चुप करा दिया गया। लेकिन एक और छात्र इब्ने हसन जो असिस्टेंट लेक्चरर हो चुके हैं, ने खड़े होकर बहुत विश्वास के साथ कहा कि यह बात सही है, अगर हम यूनिवर्सिटी छोड़ते हैं तो हमारे लिए दूसरी तरह की तालीम का कोई इन्तज़ाम होना चाहिए।

अचानक कोने में बैठा एक लड़का उठ कर खड़ा हो गया। उसको देखने से यह साफ़ लग रहा था कि वह लम्बी बीमारी से उठा है। उसे सब पहचानते हैं। उसका नाम ज़ाकिर हुसैन है। और वह असिस्टेंट लेक्चरर हो गया है। ज़ाकिर हुसैन ने कहा कि तालीम का दूसरा इन्तेज़ाम करने की बात बिल्कुल सही है और उसे अनदेखा नहीं किया जा सकता। ज़ाकिर हुसैन ने यह भी कहा कि अगर दूसरी तरह की तालीम के लिए कोई दूसरा कॉलेज या यूनिवर्सिटी बनती है तो वे मुस्लिम यूनिवर्सिटी के असिस्टेंट लेक्चरर पद से इस्तीफा दे देंगे और नयी संस्था के लिए काम करेंगे। उनके यह ऐलान करते ही एक आग सी लग गयी। अब तो बड़ी तादाद में लड़कों ने खड़े होकर अपनी–अपनी स्कॉलरशिप और ओहदों से इस्तीफा देने का ऐलान करना शुरू कर दिया। और बड़ी तादाद में ऐसे लड़के सामने आ गए जो अलीगढ़ मुस्लिम यूनिवर्सिटी से निकलकर एक दूसरी संस्था बनाने पर विश्वास कर रहे थे।

अलीगढ़ मुस्लिम विश्वविद्यालय के वाइस–चांसलर और पदाधिकारियों ने इस तूफान को रोकने की बहुत कोशिश की। कई

तरह के हथकण्डे अपनाए गए। लड़कों के घर तार भेजे गये कि कॉलेज बन्द हो गया है और लड़कों को वापस भेजा जा रहा है। कुछ लड़कों को डराया धमकाया भी गया। कुछ को लालच भी दी गयी। लेकिन यह तूफान किसी के रोके ना रुका।

दूसरी यूनिवर्सिटी बना लेने का जोश इतना बढ़ गया कि मुस्लिम यूनिवर्सिटी की मस्जिद में बाकायदा 29 अक्टूबर 1920 को जामिया मिलिया इस्लामिया की स्थापना का ऐलान कर दिया गया। जोश में भरे लड़कों और टीचरों ने इसका स्वागत किया। हज़रत शेख़–उल–हिन्द मौलाना, महमूद–उल–हसन साहब ने जामिया बनाये जाने का एलान होने के मौक़े पर तक़रीर की।

अगले दिन पुलिस ने यूनिवर्सिटी को घेर लिया और मौलाना मोहम्मद अली से कहा गया कि वे अपने लोगों के साथ यूनिवर्सिटी से बाहर निकल जाएँ। लड़कों का एक दल मौलाना के साथ यूनिवर्सिटी से बाहर निकल आया। सबसे आगे–आगे एक लड़का है जिसके हाथ में हरा झण्डा है। झण्डे पर कलमा लिखा है। निकलने वालों में हकीम अजमल ख़ाँ और हसरत मोहानी भी हैं।

यह कारवाँ एक खुले मैदान में पहुँच गया जहाँ कुछ न था। हकीम अजमल ख़ाँ ने कहीं से कुछ छोलदारियों का इन्तजार किया और देखते–देखते एक छोटी–सी कैंप जैसी आबादी तामीर हो गयी।

खाना कौन पकाता ? कौन इन्तज़ाम करता? इसलिए सब भूखे थे। लेकिन शहर के लोग अपने–अपने घरों से खाना ले आए। कुछ दिन के अन्दर ही इस कैंप जैसी बस्ती में खाना पकाने का भी इन्तज़ाम हो गया। धीरे–धीरे ज़िन्दगी ढर्रे पर आने लगी और पढ़ाई का काम भी शुरू हो गया। ऊँची क्लासों के लड़के छोटी क्लास के बच्चों को पढ़ाने लगे। ज़ाकिर हुसैन नूर उल्लाह, सैयद मोहम्मद, रऊफ पाशा, मौलाना असलम, मौलाना रशीद, हाफिज़ फैयाज़ अहमद, अब्दुल करीम फारूकी छोटी जमात के लड़कों को पढ़ाने लगे।

नया विश्वविद्यालय मुस्लिम विश्वविद्यालय से काफी अलग है। जामिया

अलीगढ़ में डिग्गी कोठी के पास बनी कुछ फूस के बंगलों और छोलदारियों का एक कैंपस है। जहाँ अक्सर पढ़ाई पेड़ों के नीचे होती है। लड़के चटाइयाँ बिछा लेते हैं और अगर कहीं से कोई दरी का टुकड़ा मिल जाता है तो उसे चटाइयों के ऊपर फैला दिया जाता है और क्लास रूम बन जाता है। लेकिन पढ़ाई का मेआर बहुत ऊँचा है कुरान और हदीस की गम्भीर और उलझी हुई व्याख्याओं पर देर तक बहसें होती है। मीर तकी 'मीर', 'सौदा' और 'ग़ालिब' जैसे शायरों के क़लाम की बारीकियाँ समझी जाती हैं। सामाजिक और आर्थिक समस्याओं पर गम्भीर चर्चा होती है। राष्ट्रीय आन्दोलन के विभिन्न मुद्दों पर बहस मुबाहिसा होता है। इस तरह यहाँ एक तरफ़ इस्लाम के आदर्शों पर बल दिया जा रहा है तो दूसरी तरफ़ ज्ञान के अन्य क्षेत्रों के साथ–साथ राष्ट्रीयता की भावना का भी संचार हो रहा है।

अगले साल नया पाठ्यक्रम तैयार करने के सिलसिले में कुछ बड़े फैसले लिए गये। सबकी यह राय थी कि जामिया में धर्म शिक्षा को अनिवार्य बनाया जाए। मुसलमानों की मज़हबी तालीम के साथ–साथ हिन्दुओं की मज़हबी तालीम का भी इन्तज़ाम होना चाहिए। इस सम्बन्ध में महात्मा गांधी ने भी कहा कि हिन्दू छात्रों की धार्मिक तालीम के लिए एक प्रोफ़ेसर का इन्तज़ाम वे स्वयं करेंगे और जब छात्रों की संख्या बढ़ जायेगी तब हिन्दू धर्म शिक्षा के लिए विश्वविद्यालय व्यवस्था करेगा। यह तय किया गया कि हिन्दू छात्रों के लिए इस विश्वविद्यालय के दरवाज़े खुले रहेंगे। नया पाठ्यक्रम तैयार करने के लिए जो समिति बनायी गयी उसमें डॉ. मोहम्मद इक़बाल, मौलाना अब्दुल क़लाम 'आज़ाद', डॉ. सैफ़ उद्दिन किचलू, डॉ. अंसारी, मौलवी अब्दुल हक़ के साथ–साथ पण्डित जवाहरलाल नेहरू, सी.एफ. इन्ड्रूज़ और डॉ. राजेन्द्र प्रसाद के महत्त्वपूर्ण नाम शामिल किये गये।

इसी साल लड़कों ने हाथ की लिखी हुई पत्रिका 'अलरशिद' निकाली जिसमें सम–सामायिक विषयों पर छात्रों के लेख और साहित्य प्रकाशित होता है। छात्रों ने 'अन्जुमे–इत्तिहाद' अर्थात् एकता मंच बनाया जो दरअसल छात्रों की यूनियन ही है।

जामिया मुसलमानों की राष्ट्रीय संस्था के तौर पर इतनी लोकप्रिय हो गयी है की देश के दूसरे मुस्लिम स्कूल जामिया से जुड़ गए हैं। सन् 1923 के आख़िर तक जामिया मिलिया से 17 मुस्लिम स्कूल आकर जुड़ गए थे। इन स्कूलों के लिए पाठ्क्रम बनाने के काम भी जामिया की ज़िम्मेदारी थी। साइन्स की पढ़ाई पर काफी ज़ोर था। प्रिंटिंग प्रेस खुल गया है और जामिया की पत्रिका 'रिसाला जामिया' भी शुरू हो गयी है।

सन् 1924

नोटिस बोर्ड पर नया पाठ्यक्रम लग गया है। सभी लड़के उसे बड़ी दिलचस्पी से पढ़ रहे हैं। मुख्य बिन्दु ये हैं–नये पाठ्यक्रम के अनुसार मुसलमान बच्चों के लिए इस्लामी धर्म शिक्षा और हिन्दू बच्चों के लिए हिन्दू धर्म शिक्षा अनिवार्य बनायी गयी है। दूसरी खास बात यह है कि जो छात्र पहली भाषा के रूप में उर्दू को न पढ़ना चाहें वे हिन्दी को मुख्य भाषा के रूप में पढ़ सकते हैं। और इसी के साथ साथ जो हिन्दी को पहली भाषा के रूप में पढ़ना चाहें उनके लिए आसान उर्दू को सीखना ज़रूरी है। चौथी कक्षा से अरबी और अंग्रेज़ी की शिक्षा ज़रूरी है। हिन्दू छात्रों के लिए अरबी के बजाए संस्कृत का इन्तज़ाम किया गया है। पाँचवी कक्षा से किसी न किसी तरह की प्रोफेशनल ट्रेनिंग लेना ज़रूरी होगा।

जामिया में किताबें छापने के लिए प्रेस पहले से ही मौजूद था और अब मकतबा जामिया नाम से एक प्रकाशन विभाग भी खुल गया है जो किताबें लिखवाने, छापने और बेचने का काम करता है। ज़ाकिर हुसैन ने जो इन दिनों जर्मनी में है बर्लिन से कुछ फारसी की किताबें भेजी हैं और एक जर्मन पब्लिशर के साथ मकतबा जामिया का एक अनुबन्ध करवा दिया है जिसके तहत जर्मनी से किताबें यहाँ आती है और यहाँ से जर्मनी जाती हैं।

और बहुत सी नयी बातों के साथ एक बात यह भी हुई है कि जामिया में कोऑपरेटिव स्टोर खुल गया है जहाँ खादी के साथ साथ

ज़रूरत का दूसरा सामान भी आसानी से मिल जाता है।

ज़ाकिर हुसैन एक–दो साल से जर्मनी जाकर पढ़ाई करने की योजना बना रहे थे। इस साल वह पूरी हुई। खुशी और दुःख के मिले–जुले माहौल में उन्हें जामिया वालों ने विदा किया।

एक और खास बात यह हुई कि जामिया का पहला कान्वोकेशन हुआ। जिसमें हक़ीम अजमल खान ने साफ़ कहा कि मुसलमान छात्रों के लिए भी यह बहुत ज़रूरी है कि वे हिन्दू समाज के रस्मों–रिवाज़ और हिन्दू संस्कृति से अपरिचित न रहें। संयुक्त भारतीय राष्ट्रीयता के निर्माण की पक्की नीव इसी आपसी सूझ–बूझ पर आधारित है।

जामिया के दस्तूर *(संविधान)* में तीन बड़े बिन्दु ये हैं–
पहला–यह संस्था सरकार के प्रभाव से आज़ाद कौमी *(राष्ट्रीय)* और मिल्ली *(इस्लामी)* विमर्श की पाबन्द होगी।
दूसरा–उसकी तालीम दीनी *(धार्मिक)* और दुनियावी *(संसार के)* तथा पुराने और नये ज्ञान का संगम होगी।
तीसरी–संस्था देश की आज़ादी और हिंदुस्तान के राष्ट्रीय आन्दोलन में हिस्सा लेगी।

दूसरा पड़ाव

सन् 1924 जामिया के लिए बड़ी आजमाइश का साल है। खिलाफ़त आन्दोलन बेजान हो चुका है और उससे जामिया को जो मदद मिला करती थी वह बन्द हो गयी है। असहयोग आन्दोलन भी ठण्डा पड़ चुका है। किसी तरह के आर्थिक सहयोग के बिना जामिया का चलना मुश्किल हो गया है। जामिया को मदद देने वाले बहुत से लोग भी अलग हो गए हैं। ऐसे हालात में काम कैसे चलेगा? और फिर एक दिन जामिया को बन्द कर देने की बातें भी शुरु हो गयीं। पेट पूरा न भरे, आधा ही भरे, आधा भी न सही चौथाई भरे लेकिन जब पेट में एक दाना भी न जायेगा तो काम कैसे होगा? जिन्दगी

कैसे चलेगी? कुछ उस्तादों और दूसरे लोगों की राय थी कि जामिया को बन्द कर देना चाहिए। लेकिन कुछ अध्यापक जामिया को बन्द करने के खिलाफ थे। उनका कहना था कि खून से सींची गयी इस खेती को सूखने के लिए नहीं छोड़ा जा सकता। इन लोगों ने जर्मनी में ज़ाकिर हुसैन को हालात से आगाह किया। ज़ाकिर हुसैन ने जर्मनी से लिखा–"मैं और मेरे चन्द साथी जामिया की खिदमत के लिए अपनी ज़िन्दगी वक्फ़ (समर्पित) करने के लिए तैयार हैं। हमारे आने तक जामिया को बन्द न होने दिया जाए।"

जामिया के कुछ छात्र हकीम अजमल ख़ाँ के पास गये और उनसे कहा कि वे किसी भी तरह की कुर्बानी देने के लिए तैयार है लेकिन यह नहीं चाहते कि जामिया बन्द हो। हकीम साहब ने लड़कों की बात पर बहुत गम्भीरता से सुना और कहा कि वे स्वयं जामिया के एक फाउण्डर मेम्बर हैं और बिल्कुल नहीं चाहते हैं कि जामिया बन्द हो।

इस सिलसिले में हकीम साहब महात्मा गांधी से मिले और बताया कि जामिया बन्द होने की कगार पर है। कहीं से कोई सहायता नहीं मिल रही। ऐसे हालात में जामिया का चलते रहना असम्भव हो गया है। महात्मा गांधी ने कहा जामिया को तो चलाना ही होगा। आपको रुपए की दिक्कत है तो मैं भीख माँग लूँगा।

गांधीजी की यह बात सुनकर हकीम साहब की हिम्मत बढ़ गयी और उन्होंने भी तय कर लिया किसी भी हालत में जामिया को बन्द नहीं होने देंगे।

महात्मा गांधी के अनुरोध पर सेठ जमनालाल बजाज ने जामिया को 1000 रुपये का चन्दा भेजा और 25 रुपए महीना चन्दा भेजने का वादा किया।

इस तरह जामिया का काम आगे बढ़ने लगा। सबसे पहले फाउंडेशन कमेटी का जलसा हुआ जिसमें महात्मा गांधी ने भी भाग लिया।

आज मतलब 17 मार्च, 1925 हबीब बाग, अलीगढ़ में जामिया की फाउण्डेशन की कमेटी हो रही है। खास बात यह है कि इस मिटिंग में हिस्सा लेने महात्मा गांधी जी भी आये हुए हैं। जामिया के वाइस–चांसलर हक़ीम अजमल ख़ाँ के अलावा डॉ. मुख़्तार अहमद अंसारी, मौलाना हसरत मोहानी, मौलाना अब्दुल क़लाम आजाद और दूसरे लोग भी पहुँच गये हैं। मिटिंग का सबसे बड़ा मूद्दा यह है कि जामिया को किस तरह जारी रखा जाए। इसमें तो किसी को कोई शक नहीं है कि जामिया का जारी रहना बहुत ज़रूरी है और उसके लिए साधन भी जुटाये जा सकते हैं। लेकिन एक मुश्किल यह है कि जामिया भी अलीगढ़ में है और अलीगढ़ मुस्लिम यूनिवर्सिटी के बिल्कुल नज़दीक है। दोनों के इतना करीब होने के वजह से कभी–कभी कुछ मुश्किलें पैदा हो जाती हैं और यह डर रहता है कि कहीं हालात काबू से बाहर न हो जाएँ। इस मसले पर हक़ीम अजमल खाँ ने यह सलाह दी की क्यों न जामिया को अलीगढ़ से दिल्ली ले आया जाए। उन्होंने कहा जामिया अगर दिल्ली आ गयी तो उनके लिए जामिया की मदद करना और इन्तज़ाम देखना आसान हो जायेगा। हकीम साहब की इस सलाह पर काफ़ी ग़ौर किया गया और फिर कमेटी के सारे मेम्बरों ने इस बात को मान लिया कि जामिया को अलीगढ़ से दिल्ली ले आना चाहिए। वाइस–चांसलर साहब को यह निर्देश दिया गया कि जून के महीने में जामिया को दिल्ली लाने के लिए ज़रूरी कार्यवाही शुरु कर दें।

जुलाई 1925

जामिया अलीगढ़ से दिल्ली आ गयी है लेकिन बहुत से लोग जामिया से अलग हो गये हैं। कुछ का मानना था कि जामिया को अलीगढ़ में ही रहना चाहिए था और कुछ का ये कहना था कि जामिया को बन्द कर देना चाहिए। लेकिन फिर भी बहुत से ऐसे हिम्मत वाले हैं जो अलीगढ़ से जामिया का एक–एक तिनका उठा कर दिल्ली ले आए हैं जहाँ हकीम अजमल खाँ की कुछ कोठियों में जामिया का काम शुरु

हो गया। कहा जाता है कि तिब्बिया कॉलेज हकीम अजमल खाँ मरहूम की जवानी की औलाद है और जामिया मिल्लिया इस्लामिया बुढ़ापे की।

हकीम साहब जामिया का पूरा खर्च उठा रहे हैं और डॉ. अंसारी व्यवस्था देख रहे हैं लेकिन फिर भी दिल्ली की जामिया में अलीगढ़ वाली जामिया की बात नहीं आ रही। लड़कों की तादाद बहुत कम हो गयी है। जलसे ठण्डे पढ़ गये हैं। दावतें बेमजा हो गयी हैं। वह चहल–पहल नहीं है जो अलीगढ़ में हुआ करती थी। लेकिन फिर भी बहुत से लोग पूरे यक़ीन के साथ जामिया को आगे बढ़ाने के काम में लगे हुए हैं। कैलाट साहब, युसूफ हुसैन खान, अकबर अली साहब, मंजूर अहमद, खारिश साहब ने पढ़ाई के अलावा और भी ज़िम्मेदारियाँ ले ली हैं। पढ़ाई–लिखाई में लड़कों की दिलचस्पी जारी रखने के लिए हाथ की लिखी हुई पत्रिका 'जौहर' निकलने लगी है।

इसी दौरान एडलट एजुकेशन *(प्रौढ़ शिक्षा)* का विचार जामिया में फलने फूलने लगा। ये भी सोचा गया कि वे लड़के जिनकी माली हालत कमज़ोर है, इस प्रोजक्ट में लग जायेंगे और उन्हें कुछ मदद मिलेगी। इस काम की ज़िम्मेदारी अब्दुल गफ़्फार मदहोली साहब को दी गयी। रात में लगने वाली क्लास के लिए प्रौढ़ लोगों को लाना आसान काम न था। मदहोली साहब ने कारीगरों और मज़दूरों के घर जाना शुरु किया। दिन भर के थके हारे मज़दूरों और कारीगरों से शाम को पढ़ाई–लिखाई की बात करना कोई आसान काम नहीं है। कुछ ऐसे भी हैं जो मदहोली साहब को घर में न घुसने देते। लेकिन कुछ थोड़े बहुत पढ़े लिखे हैं या पढ़ाई के महत्व को समझते हैं वे मदहोली साहब के बातें ग़ौर से सुनते हैं। मदहोली साहब के बातचीत करने का तरीक़ा भी दिलचस्प है। किस्से–कहानियाँ, शेरो–शायरी के जरिये वे लोगों के दिलों में उतर जाते हैं। उनका कहना है अरे भाई एक–दो महीने घण्टा–डेढ़ घण्टा पढ़ने से ज़िन्दगी भर का आराम हो जायेगा जो चाहोगे पढ़ लोगे और जो चाहोगे लिख लोगे। किसी को ढूँढ़ते न फिरोगे कि कोई तुम्हारा ख़त लिख दे या कोई तुम्हारा ख़त पढ़ दे।

उनकी बातें लोगों की समझ में आने लगी और धीरे–धीरे रात

की क्लास में आने वाले लोगों की तादाद बढ़ने लगी। सिर्फ एक महीने में छोटे–बड़े 300 लोग आने लगे। सबसे पहले उन्हें कहानियाँ सुनाई जाती हैं और फिर अख़बार पढ़कर सुनाया जाता है तस्वीरों के जरिये अच्छी बातें समझायी जाती हैं और कुछ दिनों पहले इन लोगों ने अपनी एक पंचायत बना ली है। छूट्टी होने के बाद इनका जलसा होता है। जहाँ ये लोग अपनी–अपनी तक़लीफ़ें और शिक़ायतें बयान करते हैं। इन पंचायतों में उन लोगों के बारे में भी बातचीत की जाती है जो अब तक पढ़ाई–लिखाई के महत्त्व को समझ नहीं पाये हैं। इन लोगों की हिम्मत बढ़ाने के लिए इनके जलसों में जामिया के लोग भी शामिल हो जाते हैं। 'जादू की लालटेंन' के जरिये इनकी बातों को समझने और समझाने की कोशिश होती है। जामिया के टीचर 'जादू की लालटेंन' के माध्यम से तरह–तरह की समस्याओं पर रोशनी डालते हैं।

इसी साल हकीम अजमल ख़ाँ योरोप गये और पेरिस में उनकी मुलाक़ात ज़ाकिर हुसैन, सैयद आबिद हुसैन और मोहम्मद मुजीब साहब से हुई और इन तीनों से जामिया के बारे में जो बातचीत हुई उसके नतीजे में तीनों ने कहा कि अगले साल फरवरी 2026 में अपने–अपने कोर्स खत्म करने के बाद वे लोग जामिया आ जायेंगे और संस्था की सेवा करेंगे।

छोटी सी जामिया के हौसले बहुत बुलन्द हैं जो काम हाथ में लिया जाता है उसे इतने शानदार तरीके से किया जाता है कि लोगों को हैरत हो जाती है।

जामिया की पाँचवीं साल ग्रह के मौके पर जो मुशायरा होने जा रहा है उसकी तैयारियों में सब इस तरह काम कर रहे हैं कि ये पता ही नहीं चलता कि कौन उस्ताद है और कौर तालिबेल्म। सफाई और अन्दर–बाहर झडियाँ और झण्डे लगाने का काम तेजी से हो रहा है। शाम होते–होते इस काम को खत्म होना है क्योंकि हकीम अजमल खाँ की सदारत में दिल्ली के तमाम शायर अपने क़लाम सुनाने आ रहे हैं।

डायस पर सफेद चाँदनी का फर्स बिछा है गाव तकिये लगे हैं और दिल्ली के इमाम बड़े शायर बर्क़, नादिर, ताबाँ, अक़बर, मोमिन,

असलम, निसार और दूसरे शायर मौजूद हैं। हकीम साहब सदारत कर रहे हैं। संजीदा शायरी होने के बाद मज़ाहिया शायरी शुरू हो गयी। अज़मी साहब ने हकीम साहब की तरफ़ इशारा करके शे'र पढ़ा–

"मैं उनकी बज़्म किस तरह जाऊँ,
मेरे घुटनों में गठिया का असर है।"

फ़रवरी 1926

सर्दी का वह आलम तो नहीं है जो जनवरी में था। लेकिन फिर भी ऐसी ठण्डी हवा चलती है कि उम्र दराज़ लोगों के दाँत बजने लगते हैं। सुबह देर तक सूरज और सर्दी के दरम्यान रस्सा कसी होती रहती है कभी ठण्ड बाज़ी मारने की कोशिश करती है तो कभी सूरज। आख़िरकार जीत सूरज की होती है और लोग सूरज पनाह में आते हैं।

बाहर चार–पाँच ताँगे खड़े हैं घोड़ों के सिर हिलाने से पैदा होने वाली आवाज़ें इधर–उधर सुनाई देती हैं। कभी–कभी खड़े होने से तंग आकर घोड़े अपने पैर पटकने लगते हैं या गर्दनें हिलाने लगते हैं।

सबसे पहले कोठी से वाइस–चांसलर अब्दुल अज़ीज साहब बाहर निकल रहे हैं। उनके साथ रशीद अतहर हैं जो आजकल जामिया के रजिस्टार हैं या इनके पीछे लड़कों की पूरी फ़ौज़ है सबने खादी के कपड़े पहन रखें हैं ज़्यादातर कुर्ते–पैजामे में हैं एक–आध ने शेरवानी भी चढ़ा रखी है। सबके चेहरे इस तरह खिले हुए हैं जैसे ईद की नमाज़ पढ़ने जा रहे हों।

खटा–खट ताँगों पर सब बैठ गये और ताँगे दिल्ली स्टेशन की तरफ़ रवाने हो गये हैं। ताँगे पहाड़गंज से होते हनुमान मन्दिर के पास से निकलकर कॉनाट प्लेस की बगल से गुज़रते, दरियागंज से होते हुए रेलवे स्टेशन के सामने रूक गये।

बम्बई से आने वाली गाड़ी में अभी कुछ वक़्त है। लड़के अलग–अलग टोलियों में इधर–उधर बिखर गये। उस्ताद वेटिंग रूम में जाकर बैठ गये और लड़के व्हीलर की स्टाल से लेकर दूसरी

स्टालों तक फैल गये। थोड़ी देर में ही गाड़ी आने की तीसरी घण्टी बजी और सब स्टालों के साथ मेहमानों का इस्तेक़बाल करने के लिए स्टालों के पीछे खड़े हो गये।

आने वाले मामूली लोग नहीं हैं। तीन ऐसे नौजवान आ रहे हैं जिन्होंने पूरी ज़िन्दगी जामिया की सेवा करने का वचन दे रखा है। योरोप में ऊँची तालीम पाने के बाद ये लोग हिन्दुस्तान में बड़े–से–बड़ा पद पा सकते हैं लेकिन उन्होंने जामिया जैसी ग़रीब और बेहाल संस्था में काम करने का वचन ले लिया है। इनमें डॉ. ज़ाकिर हुसैन हैं जिनको जामिया बिरादरी अच्छी तरह जानती है लेकिन उनके साथ मोहम्मद मूजीब और आबिद हुसैन साहब भी हैं जिनसे जामिया की बिरादरी पहली बार मिलेगी।

धुँवाँ छोड़ता और चिंघाड़ता रेलगाड़ी का इंजन प्लेटफॉम पर आ कर रूका। सबसे पहले डॉ. ज़ाकिर हुसैन नीचे उतरे और उन्हें अब्दुल अज़ीज साहब ने गले से लगा लिया। इसके बाद दूसरे मेहमानों का स्वागत किया गया।

इन लोगों के जामिया आने से लगता है एक पूरा इन्क़लाब आ गया है। सबके अन्दर एक ऐसा जोश पैदा हो गया है, एक ऐसी हिम्मत आ गयी है जो बड़ी–से–बड़ी मुश्किल का सामना कर सकती है। डॉ. ज़ाकिर हुसैन वाइस–चांसलर बनाये जाते हैं। डॉ. सैयद आबिद हुसैन को रजिस्टार की ज़िम्मेदारियाँ सौंपी जाती हैं और मोहम्मद मुजीब साहब को इतिहास पढ़ाने की ज़िम्मेदारी दी जाती है।

दरअसल जामिया का एक नया दौर शुरू होता है।

मेज़ की दूसरी तरफ़ लड़के बैठे हैं। जिनके सामने डॉ. ज़ाकिर हुसैन, डॉ. सैयद आबिद हुसैन और मोहम्मद मुजीब साहब बैठे हैं। डॉ. ज़ाकिर साहब ने बोलना शुरु किया, "आज हम सब जामिया में एक नया इज़ाफ़ा करने जा रहे हैं। हम लोग जामिया में हाउस सिस्टम जारी करेंगे।"

किसी लड़के ने पूछा, "हाउस सिस्टम क्या होता है?"

डॉ. ज़ाकिर साहब ने बताया, "भाई, हाउस सिस्टम के तहत

10 से लेकर 15 लड़के एक उस्ताद की निगरानी में रखे जायेंगे। ये उस्ताद लड़कों के पढ़ाई–लिखाई के मसलों पर ही उनकी मदद नहीं करेगा बल्कि उनके कपड़ों, हजामत, दाँतों की सफाई, बोलने चालने के तरीक़ों वग़ैरह–वग़ैरह पर ध्यान देगा और उनकी मदद करेगा। इस तरह हर तालिबेइल्म का एक ऐसा उस्ताद होगा जो सिर्फ पढ़ाई नहीं बल्कि उनकी पूरी शकसियत को निखारेगा। अभी हम लोगों ने कुछ कोठियाँ किराये पर ली हैं। हर एक कोठी में 30–30 लड़के और 2–2 उस्ताद रखे गये हैं।"

सूरज ढल जाने के बाद करोलबाग का पूरा इलाका अँधेरे की चादर से ढक दिया गया है। कोठियाँ अँधेरे में परछाईयाँ जैसी लग रही हैं। एक कोठी की खिड़कियों से कैरोसीन लैंप की मध्यम रौशनी बाहर आ रही है और हवा के झोंकों के साथ वायलन के स्वर दूर तक सुनाई दे रहे हैं। इस कोठी में मोहम्मद मुजीब साहब और रामाचन्दरन जी एक कोठी में 30 लड़कों के साथ रहते हैं। दोनों उस्ताद एक ही जैसे हैं। दोनों बहुत पढ़े–लिखे हैं, बहुत सादगी से रहते हैं और बहुत मेहनती और मिलनसार हैं। दोनों लड़कों के साथ इतना घुल–मिल गये हैं कि लगता है ये एक परिवार है। मुजीब साहब लड़कों की फरमाइश पर कभी–कभी वायलन बजाते हैं और लड़कों को योरोपीय संगीत के बारे में बताते हैं। रामाचन्दरन जी ने लड़कों का एक डिबेटिंग क्लब बना दिया है। इस डिबेटिंग क्लब में तरह–तरह के विषयों पर बातचीत होती है। खासतौर पर हिन्दू–मुस्लिम एकता के विषय पर विशेष चर्चा रहती है। यहाँ सब अपना–अपना काम अपने आप करते हैं।

जामिया की छटवीं सालग्रह के मौके पर हो रहे हैं और आज के खुशूसी मेहमान सरदार विट्ठल भाई पटेल *(सरदार वल्लभ भाई पटेल के बड़े भाई)* हैं। खेल खत्म हो जाने के बाद वही सबको ईनाम देंगे। छटवीं सालग्रह का ये जश्न पूरे सप्ताह चलेगा।

कुछ नया करने का ख्याल यहाँ सबको सताता रहता है। हर उस्ताद यह कोशिश करता है कि हर काम को एक किसी नये

तरीके से किया जाए और तरीक़ा ऐसा होना चाहिए और जिससे लड़कों की तरबियत हो सके। रामचन्दरन जी के सुझाव पर जलियाँ वाला बाग़ के दमन को ताज़ा रखने के लिए एक नये तरह का प्रोग्राम बनाया गया है।

2 अप्रैल को जामिया में कुछ नया हो रहा है। लड़कों की एक टोली झाड़ू हाथ में लिए इमारतों और रास्तों की सफाई में लगी हुई है। दूसरी टोली कुएँ से पानी भर कर लाने का काम कर रही है। तीसरी टोली खाना पकाने में लगी हुई है। एक टोली मेहतरून का काम कर रही है। आज जामिया में काम करने वाले सभी कर्मचारियों को छुट्टी दे दी गयी है और सारा काम लड़के कर रहे हैं।

जलियाँ वाला बाग़ की यादगार मनाने का यह नया तरीक़ा है। हर साल 2–3 अप्रैल को मनाई जाती है और इसको कौमी हफ़्ता कहते हैं।

एक टोली पास के गाँव में जाकर वहाँ की गलियों की सफाई करती है और खाने के वक़्त लड़के जामिया के सभी नौकरों को अपने साथ बिठाकर खाना खिलाते हैं। काम करने वालों को यह लगता है कि वे कोई छोटा काम नहीं कर रहे हैं। हर काम चाहे वह जिस स्तर का हो छोटा नहीं होता है।

रात के खाने के बाद पूरी जामियाँ बिरादरी का जलसा होता है जिसमें राष्ट्रीय आन्दोलन के इतिहास और महत्त्व पर भाषण दिए जाते हैं। इस जलसे में गीत भी गाये जाते हैं, नज़्में भी पढ़ी जाती हैं और शहीदों की याद को ताज़ा किया जाता है।

जामिया की दुनिया एक बड़ी दुनिया है। आज इस दुनिया में देश की दो जानी–मानी हस्तियाँ मंच पर मौजूद हैं। दोनों को कौन नहीं पहचानता एक हैं मैडम सरोजनी नायडू और दूसरे हैं मौलाना अबुल कलाम आज़ाद। जलसे के बाद चाय के दौरान एक छोटे से लड़के के जी में पता नहीं क्या आयी कि वह सरोजनी नायडू के पास जा के कहने लगा, "आज कल दंगे बहुत होते हैं। आप लोग हिन्दू–मुसलमानों में मेल–जोल नहीं बढ़ाते हैं। बड़े होकर हम इस काम को करेंगे।" इस बात पर सबने तालियाँ बजाई सरोजनी नायडू ने लड़के को गले

से लगा कर कहा, मैं इसकी हिम्मत की तारीफ़ करती हूँ तुम्हारे बड़े होने तक हम लोग जो कुछ कर सकेंगे करते रहेंगे।"

जामिया को चलाने के लिए पैसों की कमी है। चूँकि संस्था सरकार से किसी तरह की मदद नहीं लेती है इसलिए एक अकेला रास्ता बचता है जो चन्दा लेने का रास्ता है। चन्दा लेने का काम भी सिर्फ गर्मियों की छुट्टियों में होता है। पूरे साल पढ़ने और इन्तियान देने के बाद उस्ताद ही नहीं लड़के भी जामिया के लिए चन्दा लेने के मुहिम पर निकल जाते हैं। डॉ. ज़ाकिर हुसैन, मौलवी अब्दुल हक़, ख़्वाजा अब्दुल मजीद हैदराबाद गये हुए हैं। उम्मीद है कि हैदराबाद में नवाब अक़बर यारजंग, हैदर नवाब बेग और मसूदयार जंग जमिया के हमदर्द हैं और उनसे अच्छा-खासा चन्दा मिलेगा। एक और टीम कठियावार और मध्य प्रदेश गयी हुई है। तीसरी टीम बिहार के दौरे पर है ये टीमें जामिया का सिर्फ चन्दा जमा नहीं करते बल्कि छोटी-छोटी मीटिंगें करके लोगों को जामिया के उद्देश्य, राष्ट्रीय शिक्षा, राष्ट्रीय आन्दोलन जैसे मुद्दों पर बातचीत भी करते हैं।

अगस्त 1927 *(बादल कैसे बनते हैं?)*

वाइस-चांसलर साहब की तरफ़ से एक नोटिस आया है कि जामिया के सभी लड़के बड़े वाले हॉल में आखरी घण्टे के बाद जमा हो जाएँ। जहाँ तीसरी जमात के लड़के एक 'नकल' दिखायेंगे।

सामने मेज़ पर एक स्टोप, पतीली, गिलास और बर्फ का एक टुकड़ा रखा है। तीसरी जमात के लड़के ये बता रहे हैं कि बादल कैसे बन जाते हैं? बारिश कैसे होती है? बर्फ कैसे बनती है? ये सब सिर्फ बताया ही नहीं जा रहा बल्कि दिखाया भी जा रहा है। स्टोप पर पानी गरम करके भाप बनायी जा रही है। भाप को ठंडा करके पानी बनाया जा रहा है। यह सब कुछ मज़ेदार है। लड़के सोचते हैं अगर पढ़ाई इसी तरह से हुआ करें तो कितना अच्छा है।

बादल बनने वाले प्रोग्राम के बाद लड़के, उस्ताद अब्दुल गफ़्फ़ार

मदहोली साहब के पीछे पढ़ गये। उनसे कहा कि इस तरह के खेल और होने चाहिये। हम लोग स्टेज पर ऐसे खेल खेलना चाहते हैं। यह मदहोली साहब के लिए एक बड़ी चुनौती थी लेकिन उन्होंने इसे पूरा किया। उन्होंने एक ड्रामा लिखा जिसका नाम रखा 'कौन परस्त तालिबेइल्म' इस ड्रामे में उन्होंने गांधी जी के इस विचार को सामने रखा की लड़कों को पढ़ाई–लिखाई के कामों में लगे रहना चाहिये। लेकिन ज़रूरत पढ़े तो राजनीति के मैदान में कूद पढ़ना चाहिए।

कोठी के सामने वाले मैदान में बड़े–बड़े तख़्त लगा कर एक स्टेज बनाया गया है। सामने लोग बैठे हैं। दिन में जामिया के सभी उस्तादों के साथ--साथ मौलाना मोहम्मद अली भी मौजूद हैं। ड्रामा शुरू होने से पहले स्टेज पर कुछ लड़कों ने कौमी तराना गाया इसके बाद ड्रामा शुरू हुआ। ड्रामे का प्लाट बड़ा सीधा–सादा है। इसमें एक लड़के के हालात दिखाये गये। लड़के ने सियासत में हिस्सा लिया। जलसे में तकरीर की उसे पुलिस ने गिरफ़्तार किया और वह जेल भेज दिया गया। जेल में उसने चक्की पीसी। सज़ा पूरी होने के बाद वह जेल से बाहर निकला तो उसके स्कूल के लड़कों ने उसकी दावत की। स्टेज पर यह सब देखकर मौलाना मोहम्मद अली कहने लगे, "अरे, ये लड़के तो मेरी नक्कल कर रहे हैं।" मौलाना के यह कहने से दिलचस्पी और बढ़ गयी। ड्रामा खत्म होने के बाद सबने खड़े होकर खूब तालियाँ बजायी। ड्रामे में इरफ़ान ने 'कौन परस्त तालिबेइल्म' पर काम किया। भोपाल के रसिक ने डाकूओं का अच्छा काम किया था। इन सबको लोगों ने बहुत मुबारक़बाद दी।

जामिया में महात्मा गांधी की दिलचस्पी कम नहीं हुई है। उन्होंने अपने बेटे देवदास गांधी को हिन्दी पढ़ाने और सूत कातना सीखाने के लिए जामिया भेजा। रामचन्दरन जी के साथ वे लड़कों को तकली कातना और चरखा चलाना सिखा रहे हैं।

'सिरफिरे'–जामिया वालों को ये एक नया नाम दिया गया है। मियाँ

इन्हें 'सिरफिरे' न कहोगे तो क्या कहोगे? इनके पास बड़ी–बड़ी डिग्रियाँ हैं। विलायत से पढ़कर आये हैं। सरकार में बड़ी से बड़ी नौकरी मिल सकती है। अरे अंग्रेज़ी सरकार की नौकरी नहीं करना चाहते तो न करें, किसी कायदे की यूनीवर्सिटी या कालेज में भी अंच्छी–नौकरी मिल सकती है। लेकिन ये हैं कि जामिया के अलावा इन्हें कुछ सूझता नहीं। जबकि जामिया में टीचरों को क्या मिलता है ये किसी से छुपा हुआ नहीं है। ये भी सब जानते हैं कि जो मिलता है वह भी हर महीने नहीं मिल पाता। तन्ख्वाहें तीन–तीन और चार–चार महीने नहीं मिलती। पैसा ही नहीं है। जब कहीं से चन्दा आता है तो उस्तादों को इतना मिल जाता है कि ज़िन्दा रह सकें। उस्ताद करोल बाग़ से तीन मील दूर हबश खाँ के फाटक में रहते हैं और सुबह शाम पैदल आया जाया करते हैं। और तो और जामिया में पढ़ाने भी वही आते हैं जो घर फूँक चुके हैं। सबको मालूम है कि जामिया अंग्रेज़ों के खिलाफ है। किसी भी वक़्त गिरफ़्तार किए जा सकते हैं। जेल हो सकती है। भूखे मर सकते हैं। जामिया में नौकरी करने के बाद कहीं और नौकरी क्या बैठने की जगह न मिलेगी लेकिन फिर भी इन लोगों की ज़बान पर जामिया के अलावा और कुछ आता नहीं...

बहुत दिनों से एक ड्राइंग टीचर की ज़रूरत है। लेकिन कोई मिल ही नहीं रहा। ऐसा नहीं है कि ड्राइंग टीचरों का अकाल है। हैं और बहुत हैं लेकिन जामिया वही आयेगा जो 'कौम परस्ती' की आग में जल रहा हो। काफी इन्तिज़ार के बाद एक दिन जामिया में अख़्तर हुसैन फारूकी साहब आये। आप ट्रेण्ड ड्राइंग टीचर और पक्के गांधीवादी हैं। अंधे को दो आँखें मिल गयीं। जामिया वालों ने अख़्तर साहब को फौरन रख लिया। अख्तर साहब 'रेडीकल' क़िस्म के गांधीवादी है। वे कहते हैं जामिया के लड़कों के लिए खद्दर पहनना लाज़मी होना चाहिए। सबके लिए खदर की टोपी लगाना भी ज़रूरी होना चाहिए। उनको ज़ाकिर साहब और दूसरे लोगों ने समझाया कि भाई जामिया सौ–फीसदी कौमी अदारा है यहाँ बहुत से लड़के और उस्ताद खद्दर पहनते हैं। यहाँ सूत कातना सिखाया जाता है।

लेकिन जामिया के हर लड़के के लिए खद्दर पहनना और खद्दर की तोटी लगाना लाजमी करना ज़रूरी नहीं है। ये उस्तादो का काम है कि वे लड़कों को खद्दर पहनने की प्रेरणा दें। बहरहाल अख़्तर साहब ने किसी तरह बात मान ली। दीगर कामों के अलावा अख़्तर साहब राष्ट्रीय झण्डे और जामिया के झण्डे के भी इंचार्ज हैं और जहाँ झण्डे लगाने होते हैं वहाँ अपनी देख–रेख में लगवाते हैं।

जामिया के उस्ताद बरकत अली साहब पढ़ाने के अलावा तमाम तरह के इल्मी अदबी कामों और खेल–कूद के इंचार्ज है। बरकत साहब की एक बड़ी खूबी है कि बड़ी मुस्तैदी से ज़िम्मेदारी निभाते हैं। आँधी आये तूफान, कम्पकपाती हुई सर्दी हो या लू चल रही हो, पानी से रास्ते तलाब बन गये हों या ओले पड़ रहे हों बरक़त साहब को अगर आना है तो उन्हें कोई रोक नहीं सकता है। एक दिन तो सबको बड़ा ताज्जुब हुआ। ज़ाकिर साहब ने बरक़त साहब से कहा कि आप क्यों आ गये किसी से इत्तिल्ला करा दी होती। लेकिन बरकत साहब यही कहते रहे कि क्लास में आना ज़रूरी था। हुआ ये था कि रात में बरक़त साहब की फूफी का इंतिकाल हो गया था। सुबह उन्हें कफ़न–दफन का इन्तिज़ाम करना था और सुबह उन्हें जामिया भी आना था। बरक़त साहब सुबह जामिया आ गये और उसके बाद अपनी फूफी के कफ़न–दफ़न का इन्तिज़ाम करने गये।

पूरे चाँद की रात है। चाँदनी गजबजा कर निकली है। ऐसा लगता है जैसे चाँद नहीं कोई ठण्डा सूरज है जो ख़ाग सार मंज़िल की छत पर सफेद फर्स बिछा हुआ है। एक तरफ़ चौकी पर दास्तानगो मीर बाकर अली दो ज़ानू बैठे हैं। सामने दम–साधे लड़के बैठे हैं। मीर साहब ने दास्तान शुरु कर दी। "अब आग़ाज़ किस्से का करता हूँ, ज़रा कान धर कर सुनो, और मुन्सिफ़ी करो, सैर मैं चार दरवेशों की यूँ लिखा है, और कहने वाले कहा है, कि आगे रोम के मुल्क में कोई शहन्शा था, कि नौ शेरवा किसी अदालत और हातिम किसी सख़वत उसकी जात में थी। नाम उसका आज़ाद बख़्त और शहर कुसतुनतुनिया *(जिसको स्तमबूल कहते हैं।)* उसका पाए–तख़्थ था। उसके वक़्त में

रैयत आबाद, ख़ज़ाना मामूर, लश्कर फ़र्रा, ग़रीब गुरबा आसूदा, ऐसे चैन से गूज़रान करते और ख़ुशी से रहते कि हर एक घर में दिन ईद और रात शबे बरात थी। और जितने चोर–चकार, जेब क़तरे, सुबह खैज़े उठाई गिरे, दगाबाज़ थे, सबको नेस्तनाबूद करके नामो निशान उनका अपने मुल्क भर में न रखा था। सारी रात दरवाज़े घरों के बन्द न होते, और दुकानें बाज़ार की खुली रहती। राही मुशाफ़िर जंगल मैदान में सोना उछालते चले जाते। कोई न पूछता कि तुम्हारे मुँह में कै दाँत हैं, और कहाँ जाते हो? इस बादशाह की अमल में हज़ारों शहर थे और कई सुल्तान नालबन्दी देते। ऐसी बड़ी सल्तनत पर एक साथ अपने दिल को खुदा की याद और बन्दगी से ग़ाफ़िल न करता। आराम दुनिया का जो चाहिए सब मौजूद था, लेकिन फ़रजन्द की ज़िन्दगानी का फल है। उसकी क़िस्मत के बाग़ में न था। इस ख़ातिर अक़्सर फ़िक्र मन्द रहता, और पाँचों वक़्त की नमाज़ के बाद अपने करीम से कहता, कि अय–अल्लाह मुझ आजिज़ को तुने अपनी इनायत से सब कुछ दिया। लेकिन इस अँधरे घर का दिया न दिया। यही अरमान जी में बाँकी है, कि मेरा नाम लेवा और पानी देवा कोई नहीं। और तेरे मैदाने ग़ैब में सब कुछ मौजूद है, एक बेटा जीता–जागता मुझे दे, तो मेरे नाम और इस सल्तनत का निशान क़ायम रहे...

मीर साहब की दास्तानें रात–रात भर चलती हैं। दास्तानों के अलावा मीर साहब पुरानी दिल्ली के दिलचस्प क़िस्से भी सुनाते हैं। इन क़िस्सों में तरह–तरह के लोग आते हैं। मज़ेदार बात ये है कि हर आदमी अपने–अपने लहज़े में बोलता है। बड़े, बूढ़े, औरत, मर्द की ज़बान मीर साहब जानते हैं और किरदार के साथ ज़बान बदलती रहती है।

कोठी के फाटक से जो रास्ता अन्दर आता है उसके दोनों तरफ़ लड़के बैठे तकली चला रहे हैं। मतलब यह कि अब जो भी इमारत के अन्दर जायेगा वह तकली चलाते लड़को के बीच से गुज़रेगा। गेट पर डॉ. ज़ाकिर हुसैन, डॉ. आबिद हुसैन, मुम्हद मुज़ीब और जामिया के दूसरे उस्ताद खड़े हैं। लम्बा इन्तिजार नहीं करना पड़ा। एक कार आकर

रुकी। महात्मा गांधी तशरीफ लाये हैं उनके साथ हकीम अजमल खाँ, अली बन्धु, डॉ अंसारी, सेठ जमनालाल बजाज और महादेव देसाई भी हैं। जामिया के दिल्ली आने के बाद पहली बार महात्मा गांधी जामिया आ रहे हैं। दोनों तरफ़ तकली कातते लड़कों को देखते महात्मा धीरे–धीरे आगे बढ़ने लगे। वह सब लड़कों को बहुत ध्यान से देख रहे हैं।

हकीम साहब के स्वागत भाषण के बाद जामिया के लड़कों ने महात्मा गांधी को खद्दर के काम के लिए 70 रुपये की थैली भेंट की। एक लड़का स्टेज पर आया और उसने बोलना शुरू किया–"महात्मा जी आज आपने जामिया में तशरीफ लाकर हमारे दिलों को सच्ची ख़ुशी से भर दिया है। आपके तशरीफ लाने से हमारी हिम्मतें बढ़ गयी हैं और हमारे इरादे बुंलद हो गये हैं। हम आपका दिल से शुक्रिया अदा करते हैं और खुदा से दुआ करते हैं कि वह हमारे देश की ख़िदमत के लिए आपको बहुत दिन क़ायम रखे। आप खूब जानते हैं कि हमारी जामिया ने एक बहुत बड़े काम का बीडा उठाया है। वह हमको ऐसी तालीम देना चाहती है जिससे हम खुदा के नेक बन्दे अपने देश के सच्चे ख़ादिम और सारे इन्सानों की भलाई चाहने वाले बन जाएँ। वह हमें यह सिखाना चाहती है कि हम अपने इल्म–ओ–हूनर से अपने अख़्लाक़ को सवारें, मेहनत और मशक्क़त से अपने और अज़ीजों के लिए हलाल की रोज़ी कमाएँ और खुलूस और हमदर्दी से अपनी कौम की तरक्की और मुल्क की आज़ादी की कोशिश करें। आपको यह भी मालूम है कि आजकल ज़माने की हवा हमारे ख़िलाफ़ है। मुल्क में लड़ाई और फसाद की आँधियाँ चल रही हैं। जिससे प्यार और मोहब्बत की खेती मुरझायी जाती है। हम आपको यक़ीन दिलाने चाहते हैं कि ये पौधे जिन्हें आपने और दूसरे बुजुर्गों ने खून से सींचा है अखर सूख भी जाएँ तो उनके बीज बरबाद नहीं हो सकते। वो हमारे दिलों में महफूज हैं और अगर खुदा ने चाहा तो उनसे फिर नये पौधे निकलेंगे। और ज़हरीली हवाओं से बचकर मज़बूत और तनावर दरख़्त बन जायेंगे...

उसके जवाब में गांधी जी बोलने खड़े हो गये..." उस ज़माने में

जबकि हिन्दू और मुसलमान एक हो रहे थे और एक दूसरे के लिए और अपने वतन के खातिर अपना खून बहाने को तैयार थे, मैंने लड़कों को सरकारी स्कूलों और कॉलेजों के छोड़ने की दावत दी थी। इस तमाम अर्से में मुझे कभी इस बात का अफसोस नहीं हुआ कि मैंने लड़कों को उनकी तालिम गाहों से क्यों बुलाया और ये पक्का यकीन है कि जो लड़के इस आवाज़ पर बाहर आये उन्होंने अपने वतन की बड़ी ख़िदमत की है...मुझे यह देखकर बड़ी ख़ुशी है कि आप इस झण्डे को कायम रखने के लिए अपनी पूरी मेहनत से काम ले रहे हैं। आपकी तादाद अगरचे बहुत कम है लेकिन दुनिया में अच्छे और सच्चे आदमी कभी बहुत नहीं हुए हैं। मैं आपसे कहूँगा कि तादाद की कमी का कुछ ख्याल न करें बल्कि इस बात को सामने रखें कि मुल्क़ को आज़ादी दिलाना आपका काम है...मैं आपकी ख़ुशी के लिए यहाँ नहीं आया हूँ बल्कि अपने को ख़ुश करने के लिए आया हूँ। एक निजी बात कहना चाहता हूँ और वो आपसे कहना है कि बावजूद इसके कि जामिया से बाहर नफ़रत और ज़हर का तूफ़ान फैला हुआ है, मुसलमान हिन्दुओं और हिन्दु मुसलमानों का गला काटने पर तैयार हैं लेकिन आप अपने ऊपर इसका असर ना पड़ने दें। परमात्मा को कभी ना भूलें और अपने दिलों में नफ़रत का भाव ना पैदा होने दें...

29 दिसम्बर 1927 को हकीम अजमल खाँ न रहे। सिसकती हुई जामिया को अपने सीने से लगा कर पालने–पोसने वाले हकीम साहब के न रहने के दुःख का बड़ा गहरा असर जामिया पर पड़ा। लेकिन दुःख को रचनात्मक मोड़ देने की पूरी तैयारी की गयी। तय पाया कि हकीम साहब की याद तो ताजा रखने के लिए जामिया को एक पक्का आधार दिया जाये। इस विचार को आग बढ़ाने के लिए फरवरी के महीने में एक मीटिंग रखी गयी।

दिल्ली वाले कह रहे हैं ये जामिया की मीटिंग क्या है काँग्रेस का सेशन लगता है। उनका कहना वाजिब भी है। क्योंकि मीटिंग में पण्डित मोतीलाल नेहरू, मौलाना मोहम्मद अली, मिस्टर श्रीनिवास

अयंगर, मौलाना आज़ाद, पण्डित जवाहरलाल नेहरू, पण्डित मदन मोहन मालवीय, डॉ. मुख़्तार अहमद अंसारी, मिसिस सरोजनी नायडू, महाराजा महमूदाबाद, विजय राघव आचार्य, लाला शंकर लाल मौजूद हैं। जलसे की सदारत पण्डित मोती लाल नेहरू कर रहे हैं।

सन् 1928

एक बार फिर लड़के ड्रामा के पीछे पढ़ गये हैं। मदहोली साहब पर लड़कों का ही नहीं टीचरों का भी ज़ोर पढ़ रहा है कि भाई कोई ड्रामा किया जाए।

मदहोली साहब—"भाई बड़े लोगों के लिए कोई ऐसा ड्रामा नहीं है जिसमें लड़कियों का पार्ट न हो।"

अब्दुल क़रीम पेशावरी ने कहा—"तो क्या हुआ, जो ड्रामे है इनमें से किसी में ऐसी तबदिली कर दीजिए कि हमारा काम बन जाए।"

मदहोली साहब ने अपनी किताब जामिया की कहानी में इस घटना का आँखों देखा हाल लिखा है। उन्हीं के शब्दों में—"आग़ा हश्र कश्मीरी के एक ड्रामा में तबदिली करके लड़कों के सामने रख दिया। पार्ट तक़सीम हुए। बड़े लोगों को सिखाने में छोटू के मुकाबले में ज़्यादा दुश्वारी पेश आयी। कोई तो शरमाता। कोई कहता बतलाते जाइए। इस वक़्त तो सुनाई देता हूँ असल काम स्टेज़ पर दिखाऊँगा। एक साब फरमाते मेरे काम ही इतना है औरों से मश्क *(अभ्यास)* करवाइये। कोई थियेटर की नक़ल में ज़ोर—ज़ोर से बोलता तो कोई ऐसे जैसे मुँह में ज़बान ही नहीं है। बड़ी मुश्किलों से ये लोग काबों में आये। ड्रामा तो जैसा सो हुआ उस वक़्त बड़ा मज़ा आया जब पयाम तालीम के एडीटर हुसैन हस्सान साब मामूली ऐनक लगाये। बगल में अख़बारों का पुलिन्दा लिए ऐनक में से घुरते हुए अदालत में दाखिल हुए। ये फ़र्ज किया गया था कि ये पैसा अख़बार के एडीटर हैं और एक मुक़दमे में उन्हें गवाही दे दी है। उन्हें सिखाने की ज़रूरत इसलिए न पड़ी कि ये हज़रत सचमुच में जैसे थे वैसे ही काम दिया गया था... लोगों ने कहा कि अब तो उस्तादों को भी ख़ामोश न रहना चाहिए। एक साल

हुआ प्रोफ़ेसर वाजुद्दिन *(हैदराबाद)* ने उस्तादों के लिए एक छोटा सा ड्रामा लिखा था–'निकाह बिलजब्र'। प्रोफ़ेसर मोहम्मद मुजीब साहब ने उस्तादों को राज़ी कर लिया। ख़ुद भी इस ड्रामे में काम किया, औरों को सिखलाया। ख़ुद तो ज्योतिषी बने थे। मुझे मिर्ज़ा नौशा बनाया। निआजी साहब मेरे दामाद बने थे और करीब उल्लाह साहब भाई। अलीम साहब...बीबी शुरु से आख़िर तक पदे में रही इसलिए औरत की नकल का झगड़ा न रहा। गुजीव साहब अदाकारों के सज़ाने (मेकप) में कमाल रखते हैं। अदाकारों का इन्तख़ाब *(चयन)* भी अच्छा था...बहुत छोटे बच्चे यानि तीसरी और चौथी जमात वालों ने कहा कि एक ड्रामा ऐसा भी करवाइये जिसमें हम–ही–हम हों। इस मतलब के लिए गुल्लाम अब्बास साहब का लिखा हुआ ड्रामा 'सुराईया की बुढ़िया' बहुत मौजू *(उचित)* था। इसमें काम करने वाले दो बच्चियों और एक बच्चा है। एक बच्ची जिसकी उम्र सात साल की होगी अपनी सहेली को बुढियों का घर दिखाने के लिए चाय पर बुलाती है। उसका छोटा भाई *(उम्र 6 साल)* दावत की चीज़ें हजम करने के लिए तरह–तरह से परेशान करता है। इसी दौरान में बहन को एक तरकीब सूझती है। वो भाई को कलपूर्जों के जरिये चलने वाली गुड़िया बना लेती है। सहेली के आने पर ये ज़िन्दा गुड़िया तरह–तरह के खेल तमाशे दिखाती है दूसरा ड्रामा स्कूल की ज़िन्दगी ईद के मौके पर खेला गया।"

ज़ाकिर साहब ने 'फॉउण्डेशन डे' मनाने के सिलसिले में अपने सुझाव उस्तादों और जामिया बिरादरी के सामने रखे, उनका पहला सुझाव है हर जमात *(कक्षा)* लिखने–पढ़ने से मुतालिक कोई चीज़ तैयार करके जामिया को तोहफे *(उपहार)* तौर पर दें। एक जमात कई चीज़ें दे सकती है। दूसरा सूझाव है जलसे के दिन इन सब तोफ़ों की नुमाईश की जाए ताकि एक–दूसरे के काम से लड़के और मेहमान वाकिफ़ *(परिचित)* हो जाएँ। तीसरा सुझाव एक तरफ़ मख्तबा वाले भी सिर्फ जामिया की छापी हुई किताबें सज़ाएँ। चौथा, लड़कों को मशगूल *(व्यस्त)* रखने के लिए एक ड्रामा खेला जाए। पाँचवाँ, 'पयाम तामिल'

वाले खास नम्बर *(विशेषाँक)* निकालें। जिसमें ज़्यादातर जामिया के उस्तादों और लड़कों को मज़ामीन *(लेख)* हों।

'फॉउण्डेशन डे' की तैयारियाँ ज़ोरों पर हैं। तरह–तरह के प्रोजक्ट तैयार किये जा रहे हैं। कोई चन्द्रगुप्त मौर्य के बारे में है तो कोई राजस्थान के लोगों पर है। 1857 पर भी एक प्रोजक्ट तैयार हो रहा है। साइन्स के चार्ट बन रहे हैं। आर्ट टीचर मसूद अख़्तर साहब देश के बड़े–बड़े नेताओं की तस्वीरें बना रहे हैं।

जलसे के दिन ये सब चीज़ें एक समियाने के नीचे सज़ा दी गयी है और मेहमान आ रहे हैं। मशहूर लोगों में कौन है जो यहाँ नहीं है। डॉ. अंसारी, मौलाना आजाद, मौलाना मोहम्मद अली, पण्डित मोती लाल नेहरू, पण्डित मदन मोहन मालवीय, लाला राजपत राय, श्रीनिवास अयंगर, सत्यमूर्ति, एन.सी. खेलकर, मौलाना जफ़रुल मुल्क, मिसिज ऐनी डिसेंट और आसिफ अली साहब जैसे लोग मौजूद हैं। दसवीं जमात के लड़कों की तकरीरों के मुकाबले के बाद पण्डित मदन मोहन मालवीय से गुजारिश की गयी कि वे राष्ट्रीय झण्डा फहराये। झंडा फहराते ही लड़कों ने कौमी तराना शुरु कर दिया।

दिन भर तरह–तरह के प्रोग्राम चलते रहे और रात के वक़्त उस्तादों और लड़कों के दो ड्रामे हुए।

सन् 1929

जलिया वाला बाग़ की याद में कौमी हफ़्ता मनाया जा रहा है। लेकिन इस साल जामिया में एक नये तरह का जोश और उत्साह है। क्योंकि डाण्डी मार्च नमक सत्याग्रह के बाद सिविल नाफ़रमानी ज़ोरों पर चल रही है। कुछ उस्ताद कहते हैं कि जामिया के तमाम लड़कों को आन्दोलन में शामिल हो जाना चाहिए। अब्दुल करीम साहब ने अपनी तकरीर में कहा है कि तमाम लड़कों में 'एक रंग' में रंग दिया जाए। इसके जवाब में जाकिर साहब ने कहा कि जहाँ तक जामिया के इस तहरीक *(आन्दोलन)* में हिस्सा लेने का ताल्लुक है, इस बात को साफ़ कर देना चाहता हूँ कि जामिया तो ख़ुद जंगे आज़ादी के लिए सिपाही

तैयार कर रही है। सही तालीम का काम ख़ुद सबसे अहम् कौमी काम है। जामिया की छोटी–सी बिरादरी इस काम में लगी हुई है कि अब इसको किसी और तरफ़ तवोज्जो करने की ज़रूरत नहीं... हमारे कुछ साथी इसियासी तहरीक *(राजनीति आन्दोलन)* में सिरकत के लिए बेताब हैं। वो अपनी ख़िदमत *(सेवा)* के जज़्बे का इज़्हार इस तरह कर सकते हैं कि उन्हें ज़रूर इस तहरीक में शरीक होना चाहिए। लेकिन चूँकि उनके ऊपर जामिया की खिदमत का फ़र्ज पहले से आयद है इसलिए पहले जामिया से उन्हें इजाज़त लेनी चाहिए। ताकि जामिया पहले अपने काम का इन्तज़ाम कर सके..."

कौमी हफ्ते के काम में दो बातें आकर जुड़ गयी हैं। ये तय किया गया है कि जामिया अपने अन्दर सीमित नहीं रहेगी। बल्कि अपने चारों तरफ़ बिखरे समाज की सेवा की ज़िम्मेदारी भी लेगी। ऐसा नहीं हो कि साल में सिर्फ़ एक या दो दिन यह काम किया जाए। यह काम साल भर जारी रहना चाहिए। इसके तहत जामिया में करोलबाग में सफाई और सेहत के बारे में प्रोग्राम बनाया है। दूसरी ज़िम्मेदारी यह ली गयी है कि ग़रीब और बेसहारा विधवाओं और बूढ़ों का चरखे का काम सिखाया जाए ताकि उनकी आमदनी का कोई साधन बन सके।

पूरी जामिया में ये ख़बर फैल चुकी है कि उस्ताद शफ़ीकुर्रहमान किदवई ने जामिया से अलग होकर सत्याग्रह आन्दोलन में शरीक होने का ऐलान कर दिया। उनके ऐलान करने के फौरन बाद मौलवी सईद अंसारी ने भी कहा है कि अगर उन्हें जामिया इजाज़त देगी तो वे भी आन्दोलन में शामिल होंगे। लड़के इन दोनों उस्तादों की हिम्मत की दाद (प्रशंसा) दे रहे हैं। कुछ लड़के भी सिविल नाफरमानी आन्दोलन में शामिल होना चाहते हैं। दरअसल पूरा माहौल जोश और कुर्बानी के जज़्बे से भरा हुआ है।

सिविल नाफरमानी आन्दोलन के शुरु होने से पहले गाँधी जी जामिया आये थे और उन्हें खद्दर के काम को आगे बढ़ाने के लिए जामिया के

छात्रों ने 500 रुपये की थैली भेंट की थी। गांधी जी ने अपने भाषण में कहा था कि जब में जामिया आता हूँ ऐसा मालूम होता है जैसे अपने घर में हूँ। गांधी के जामिया से इस जुड़ाव का असर सिविल नाफ़रमानी आन्दोलन पर साफ़ तौर पर देखा जा सकता है। इस आन्दोलन में जामिया के उस्तादों में हाज़ी फ़य्याज़ अहमद, देवदास गांधी और शफ़ीकुर्रहमान किदवई जेल चले गये हैं। लड़कों में किकं चन्दर डेका और कृष्णा नायर भी उनके साथ शामिल हैं।

सन् 1930

ये कैसी पढ़ाई हो रही है कि लड़के क्लास के बाहर किसान बन जाते हैं। फावड़े और झव्वे उठाये खेत की तरफ़ निकल जाते हैं। बोवाई होती है, निराई–गुड़ाई होती है और जैसे–जैसे पौधे हरे–भरे होने लगते हैं वैसे–वैसे लड़कों की पढ़ाई–लिखाई भी नुमायाँ होने लगती है। क्योंकि दोनों में तालमेल है। तालीम का मतलब सिर्फ क्लास रूम में बैठ कर किताबें पढ़ना और कागज़ रंगना नहीं है बल्कि पढ़ाई ज़िन्दगी से जुड़ने और उसे बेहत्तर बनाने की चीज़ है जिसे जामिया वाले करके दिखा रहे हैं।

बागवानी और खेती–बाड़ी के काम के साथ–साथ प्रोजक्ट भी तैयार किये जा रहे हैं। जिसमें ज़मीन की क़िस्मों, ज़मीन की तैयारी, खाद की क़िस्मों, बीज बोना, पौधा का उगना वैगरा पर चाट ही नहीं बनाये जाते बल्कि ये भी करके देखा जा रहा है कि सब्जियाँ बेची कैसी जाती हैं। मतलब यह है कि खेती–बाड़ी का कोई पहलू छोड़ा नहीं गया। ये एक नया पाठ्यक्रम है जो इस साल से लागू किया गया है। बागवानी के औज़ारों का चाट दीवारों पर लगा है। कौन–सा औज़ार किस काम आता है? उसकी क्या क़ीमत है? कहाँ मिलता है? बातें भी चाट में दर्ज़ हैं।

लड़कों से बागवानी का काम मुफ्त नहीं लिया जाता है जितना काम वह करता है उसका उतना पैसा उसे मिलता है। एक कॉपी बनायी गयी है जिसमें बच्चों का हिसाब लिखा जाता है। सब्जियाँ बिकने

के बाद जो पैसा मिलता है वह बच्चों में उनके काम और मेहनत के हिसाब की किताब में लिख दिया जाता है और उसके अनुसार लड़कों को पैसे की पर्ची पकड़ा दी जाती है। लड़के कॉलेज के ऑफिस से पैसे ले लेते हैं। कुछ ऐसे भी हैं जो अपने पैसे फौरन नहीं लेना चाहते और ये कहते हैं कि हमारे पैसे कॉलेज के पास रहें। जब ज़रूरत होगी तब उन्हें ले लेंगे। ऐसे लड़कों के लिए एक छोटी–सी कॉपी बनायी गयी है जिसे पासबुक कहते हैं। इस पासबुक में जमा किये गये पैसे निकाले गये पैसे और बाक़ी बचे पैसे का हिसाब लिखा होता है और यह लड़कों के बैंक की शुरुआत।

पिछले ही हफ्ते हाफिज़ फय्याज़ अहमद के राष्ट्रीय आन्दोलन में हिस्सा लेने की वजह से चार महीने की जेल काट कर बाहर आये। जामिया के लड़कों ने उनका स्टेशन पर ही स्वागत किया है और उन्हें प्रशस्ति पत्र दिये गये है हार फूलों से लादा गया है और उनकी दावतों का सिलसिला जारी है। हाफिज़ साहब की दावतें हो ही रही हैं कि इस बीच जामिया के कुछ और लोग भी सज़ा काट कर बाहर आ गये हैं। इनमें शफ़ीक साहब, देवदास गांधी और दो लड़के शामिल हैं। ये लोग भी दावतों में शामिल हो गये हैं। शफीक साहब कह रहे हैं जेल में हलुवा पकाने का मौका नहीं मिला। दावतों में हलुवा शामिल किया जाता है। शफ़ीक साहब ये भी कहते हैं कि कोई आदमी जेल में अपने आप को बहुत बाकायदा बना सकता है।

मीडिल स्कूल के उस्ताद सईद अंसारी साहब को शान्तिनिकेतन भेज दिया गया है ताकि वहाँ की पढ़ाई–लिखाई के तौर–तरीक़ों के बारे में जामिया वालों को पता लग सके।

उस्ताद हमीद अली साहब की निगरानी में जामिया के लड़कों का एक ग्रुप साईकिलों पर कश्मीर की सैर के लिए रवाना हो गया है।

सन् 1932

जामिया बैंक का काम बड़ी रफ्तार से आगे बढ़ गया। एक कमरे में

बैंक जैसा बैंक बनाया गया है और बैंक के क़ायदे कानूनों के हिसाब से उसे चलाया जा रहा है। लड़कों और उस्तादों के खाते ही नहीं बल्कि इस बैंक में बड़े–बड़े लोगों के खाते खुल गये हैं। जिन्हें पासबुक और चैकबुक दे दी गयी हैं।

एक जलसे में ज़ाकिर साहब स्कूल के बच्चों को बत्तासे बाँट रहे हैं। बच्चों ने अपना कोई प्रोजक्ट पूरा किया है और उसके बाद एक छोटा–सा प्रोग्राम कर रहे हैं। एक आदमी कमरे के अन्दर आया है और उसने ज़ाकिर साहब के कान में कुछ कहा, "जाकिर साहब ने उस आदमी की बात सुनी और उससे कुछ कहा और फिर बच्चों को बत्तासे बाँटने लगे।" फिर थोड़ी देर के बाद वही आदमी फिर आया और उसने ज़ाकिर साहब से कुछ कहा। ज़ाकिर साहब के चेहरे पर उदासी छा गयी। लेकिन फिर वे जल्दी ही समझ गये और फिर बच्चों को बत्तासे बाँटने लगे और मुबारकबाद देने लगे। जलसा खत्म होने के बाद पता चला कि जलसे के बीच में पहली बार ज़ाकिर साहब को ये बताया गया था कि उनकी लड़की की बीमारी बढ़ गयी है और दूसरी बार उन्हें यह सूचना दी गयी थी कि उनकी लड़की नहीं रही।

जामिया को राष्ट्रीय आन्दोलन में भाग लेने की सज़ा मिल रही है मतलब यह कि निज़ाम हैदराबाद के ख़जाने से जो एक हज़ार महीने का चंदा आया करता था वह बन्द हो गया है जो दूसरे बड़े लोग जामिया को चंदा दिया करते थे उन्होंने भी हाथ खींच लिया है और अब हालत यह हो गयी कि तीन–तीन महीने तन्ख्वाये नहीं मिलती।

अभी कुछ ही महीने पहले जामिया में नौकरी पाये एक नौजवान उस्ताद तीन महीने बाद खजांची के पास अपनी तन्ख्वाह लेने पहुँचे तो खजाँची ने उन्हें वाइस–चांसलर के पास भेज दिया। वाइस–चांसलर ने उनसे पूछा–तुम खाना कहाँ खाते हो।

टीचर ने जवाब दिया–जामिया की डायनिंग हॉल में।

–तुम्हारे कपड़े कौन धोता है?

–जामिया को धोबी।

—तुम्हारे बाल कौन काटता है?

—जामिया का नाई।

—वाइस—चांसलर ने कहा—तब तुम्हें पैसे की क्या ज़रूरत है?

पैसे की तंगी का एक असर यह भी पड़ा कि सारे उस्तादों की तन्ख्वाएं और ज़्यादा कम हो गयी। सभी लोग इस फिक्र में लगे रहते हैं कि अब जामिया चलाने के लिए पैसा कहाँ से किस तरह और क्यों कर जमा किया जाए। सोचते—सोचते यह समझ में आया कि जब तक आम लोगों को जामिया के काम से नहीं जोड़ा जायेगा तब तक ये परेशानी रहेगी। तय पाया कि जामिया के हमदर्दों का एक संगठन बनना चाहिए। इस संगठन के मेम्बर चार आने से ले दो रुपये महीने तक चन्दा दिया करें। शफीक साहब इस काम में लग गये और देखते—देखते जामिया को एक हज़ार रुपये महीने का चन्दा आने लगा। लेकिन तीस लोगों के परिवारों को चलाने के लिए ये काफी नहीं था। इसका मतलब 'फाक़ा मस्ती' चलती रही।

कुछ ऐसा है जामिया में और जामिया को चलाने वालों में कि दूर—दूर से लोग यहाँ काम करने चले आते हैं। नये आने वालों में जर्मनी की मिस ग्रेण्डा फिलिपस बोर्न हैं जो जामिया में बच्चों का नर्सरी स्कूल चली आयीं हैं। मिस फिलिपस नर्सरी स्कूल चलाने की विशेषज्ञ हैं। उन्हें योरोप के प्राइमरी शिक्षा सम्बन्धी रूझानों का अच्छी तरह पता है और उन्होंने ने जामिया में जो नर्सरी स्कूल खोला है वह 'इंटरनेशनल स्टैण्डर्ड' का है। वैसे भी जामिया का जर्मनी से अच्छा तालुक बना हुआ है। ज़ाकिर साहब जर्मनी के स्कूलों और कॉलेजों से गहरा सम्बन्ध बनाये हुए हैं।

दूर तक सिर्फ हरे खेत दिखाई पढ़ रहे हैं। मार्च के महीने की धूप हरियाली को संवार रही है तेज़ हवा से गेहूँ के खेतों में लहरें—सी उठ रही हैं। ऊपर खुला हुआ नीला आसमान है और कभी—कभी बादल का एक—आध टुकड़ा इधर से उधर जाता नज़र आता। आसमान में उड़ती हुई चिड़िया पूरब की तरफ़ जाती दिखाई देती। हरे खेतों के

बीच कुछ खेत ऐसे भी हैं जहाँ फसल नहीं बोई गयी है।

पेट काट–काट कर बचाये गये पैसे से जामिया वालों ने दिल्ली से मथुरा जाने वाली सड़क पर आठ मील दूर यमुना के किनारे ओखला नाम के एक गाँव के पास यूनिवर्सिटी कैंपस बनाने के लिए ज़मीन खरीदी है। जामिया वालों के लिए यह एक सपना जैसा है। उन्होंने वर्षों पहले यह सपना इस तरह देखा था जैसे वह कभी साकार न होगा। लेकिन अनहोनी हो रही है।

आज मतलब 1 मार्च, 1935 को नयी जामिया की बुनियाद का पत्थर रखा जा रहा है। दिल्ली से लोगों को यहाँ लाने के लिए लारियों का इंतज़ाम है। कुछ लोग ट्रेन से भी आ रहे हैं और कुछ ताँगों और साईकिलों से यहाँ पहुँच रहे हैं। धीरे–धीरे लोगों की तादाद बढ़ रही है। जलसा शुरु होने से पहले ज़ाकिर साहब भी यहाँ आ गये हैं। जामिया के उस्ताद और लड़के ज़मीन की हकबन्दी के लिए झँड़ियाँ लगा रहे हैं। पहली बार कोई ज़मीन जामिया की अपनी ज़मीन हुई है।

धीरे–धीरे लगभग एक हज़ार लोग जमा हो गये हैं। मेहमानों में वे सब लोग हैं जो जामिया के हमदर्द हैं जो लोग नहीं आ पाये हैं उन्होंने अपने सन्देश भेजे हैं। महात्मा गांधी, सर मोहम्मद इक़बाल, डॉ. भगवान दास के संदेश पहले ही पहुँच चुके हैं। जलसे की कारवाई कुरान मजीद की तिलावत से शुरु हो रही है। इसके बाद मौलाना असलम जयराजपुरी की एक नज़्म सुनाई गयी। ज़ाकिर साहब ने अपनी तकरीर में जामिया के इतिहास और संघर्ष के बारे में बताना शुरु किया। उनकी बातों में सच्चाई, ईमानदारी, जोश और हिम्मत है। उनकी तकरीर खत्म होने के बाद जामिया के चांसलर डॉ मुख़्तार अहमद अंसारी बोलने के लिए खड़े हो गये और उन्होंने जामिया के उस्तादों के संघर्ष की दिल को छू लेने वाली तस्वीर सामने रखी।

जलसे में तकरीरें खत्म होने के बाद सब लोग वहाँ पहुँच गये जहाँ जामिया की नीव का पत्थर रखा जायेगा। बड़े–बड़े नेताओं और बड़े–बड़े विद्वानों के होते हुए जामिया के सबसे छोटे बच्चे अब्दुल अज़ीज ने तालियों की गड़गड़ाहट के साथ जामिया की नीव का पत्थर रखा।

ज़मीन भी मिल गयी है। ईमारत बनाने लायक पैसा भी जमा हो गया है लेकिन एक बड़ा मसला यह है कि ईमारतें कैसी बनायी जाएँ? मतलब यह कि ईमारतों की शैली कैसी हो? ज़ाकिर साहब का मानना है कि ईमारतों की शैली एक मौलिक शैली होना चाहिए। एक ऐसा स्टाइल होना चाहिए जो अब तक है ही नहीं। मतलब यह कि ईमारत की शैली न तो मुस्लिम स्थापत्य कला जैसी हो, न योरोपिय शैली हो और न प्राचीन भारतीय शैली हो। ज़ाकिर साहब हमेशा असम्भव की तलाश में रहते हैं।

हैदराबाद की निज़ाम सरकार से चन्दा लेने के लिए ज़ाकिर साहब साल में एक बार हैदराबाद जाया करते थे। यहाँ उनकी मुलाक़ात कार्ल हाइन्स (Carl Heinz), एक चेक–जर्मन आर्किटेक्ट से हुई। कार्ल हाइन्स उस ज़माने के अवाँगार्द कला आयोजन से बहुत प्रभावित थे। ज़ाकिर साहब क्योंकि जर्मन भाषा अच्छी तरह बोल लेते थे इसलिए जल्दी ही उनकी दोस्ती कार्ल हाइन्स से हो गयी। निजाम के साही ग्रेस्ट हाउस में एक साथ रहते हुए उन्हें एक–दूसरे से बातचीत करने का काफी वक़्त मिला। कार्ल हाइन्स निजाम के लिए किसी महल का नक़्शा बनाने आये थे। उससे पहले उन्होंने हिन्दुस्तान के कई महाराजाओं के पैलेसेज के नक़्शे बनाये थे। लेकिन यह काम कार्ल हाइन्स को बहुत पसन्द न था। इस काम में पैसा ज़रूर मिल जाता था लेकिन उन्हें रचनात्मक संतोष नहीं होता था। एक दिन बातों ही बातों में कार्ल हाइन्स ने ज़ाकिर साहब से कहा कि वे कोई चुनौती भरा काम करना चाहता है। ज़ाकिर साहब को इस मौके की तलाश थी। उन्होंने कार्ल हाइन्स से कहा कि मेरे पास एक बहुत चुनौती वाला काम है। मुझे जामिया के लिए ईमारतों के नक्शे और डिज़ाइन बनवाने हैं। कार्ल हाइन्स ने कहा इसमें चुनौती क्या है? ज़ाकिर साहब ने जवाब दिया कि हम जामिया वाले किसी ओरिजनल स्टाइल में ईमारतें बनवाना चाहते हैं।' ये बात कार्ल हाइन्स को बहुत दिलचस्प लगी।

कार्ल हाइन्स को सुबह ज़ाकिर साहब को जामिया के लिए प्रस्तावित ईमारतों की शैलेयाँ दिखाते थे और ज़ाकिर साहब उन पर

आपत्तियाँ करते थे। वे कहते थे कि ये शैली में योरोपिय शैली का प्रभाव है या इस्लामी शैलियाँ झलकती है या कोई और स्थापित शैली है। कार्ल हाइन्स बार–बार कोशिश करते रहे लेकिन ज़ाकिर साहब के हैदराबाद से चले आने तक इस दिशा में कोई काम न हो सके। मतलब कार्ल हाइन्स जामिया के लिए कोई ओरिजनल शैली न बना सके।

रात काफी बीत चुकी थी, बरसात का मौसम था, धुँआ धार बारीश हो रही थी। करोलबाग़ के इलाके में ज़ाकिर साहब का खप्परैल वाले घर का दरवाज़ा किसी ने ज़ोर से खटखटाया। इतनी रात गये इस मौसम में कौन आ सकता है? ज़ाकिर साहब ने दरवाज़ा खोला तो देखा कि पानी में शराबोर कार्ल हाइन्स खड़े हैं। ज़ाकिर साहब उनको घर के अन्दर ले आये, कार्ल हाइन्स ने बैठते ही कहा मैंने जामिया की ईमारतों के लिए ओरिजनल स्टाइल बना लिया है। लालटेन की रौशनी में कार्ल हाइन्स ने बड़े–बड़े काग़ज़ फैला दिये और जाकिर साहब ने इस बात को मान लिया कि ये शैली जामिया शैली है। मतलब यह कि बिल्कुल ओरिजनल है। कार्ल हाइन्स भी ख़ुश थे कि उनकी मेहनत रंग लायी।

जामिया में ईमारतें बनाने का काम शुरू हो गया।

सन् 1938

हरिपूरा में काँग्रेस में वार्षिक अधिवेशन ने गांधी जी के 'नेशनल बेसिक एजुकेशन' प्रस्ताव को मान्यता दे दी और उसी साल जामिया में उस्तादों का मदरसा मतलब टीचरर्स टेनिंग कॉलेज खोल दिया गया। सईद अंसारी साहब अमेरिका से अपनी पढ़ाई पूरी करके आ गये हैं और वे इस कॉलेज के काम को देख रहे हैं।

गांधी जी लम्बे समय से इस पर विचार कर रहे थे कि आज़ादी मिलने के बाद सरकारी स्कूलों में बच्चों को कैसी शिक्षा दी जायेगी। क्या पढ़ाया जायेगा? क्या सिखाया जायेगा? इस पूरी योजना पर काम करने के लिए गांधी जी को ज़ाकिर हुसैन जैसा आदमी मिल गया जो जामिया में

10 साल से 'नेशनल एजुकेशन' के प्रयोग कर रहा है। गांधी जी ने यह काम एक कमेटी बनाकर ज़ाकिर साहब के हवाले कर दिया और कुछ ही महीने में इस कमेटी ने लगभग 250 पन्ने की एक रिपोर्ट पेश कर दी। इस कमेटी में तीन सिफारिशें की हैं। पहली–सब बच्चों के लिए शिक्षा मुफ्त और अनिवार्य होगी। दूसरी–शिक्षा का माध्यम मातृ भाषा होना चाहिए। तीसरी–किसी हर्फ़ा *(पेशा)* के माध्यम से बच्चों को शिक्षा दी जाए। इस रिपोर्ट के आधार पर काँग्रेस ने गांधी जी के निशा–निर्देश में एक बोर्ड का गठन कर दिया जिसके अध्यक्ष डॉ. ज़ाकिर हुसैन बनाये गये।

4 अगस्त, 1938 को जामिया में 'टीचर ट्रेनिंग कॉलेज' का इसी आधार पर उद्घाटन किया गया।

सन् 1941

ओखला के पास जामिया का जो नया कैंपस बन रहा है। उसका नाम 'जामिया नगर' रखा गया है। कुछ लोगों की यह राय है कि उसका नाम हकीम अजमल खाँ के नाम पर 'अजमल नगर' भी रखा जा सकता है। लेकिन ज़्यादातर लोगों की राय यही है कि जामिया नगर अच्छा नाम है।

करोलबाग़ से जामिया या जामिया नगर पहुँचाना आसान काम नहीं है। लारियों और ताँगों पर सामान की ढूलायी चल रही है। जामिया नगर में ईमारतें तो बन गयी हैं लेकिन फिर भी काफी काम बाक़ी है। लेकिन करोलबाग़ की किराये की कोठियाँ छोड़ने में ही भलाई है। जितना पैसा किराये में दिया जाता है उतना पैसा ईमारत में लगे तो कहने क्या? धीरे–धीरे पूरी जामिया नये कैंपस में आ गयी है।

जहाँ बस्ती बसे वहाँ कोई म्युनिस्पिल्टी *(नगर पालिका)* न हो यह कैसे हो सकता है? छटवीं क्लास के लड़कों की किताब में म्युनिस्पिल्टी पर एक पाठ है। वे और दूसरे लड़के कह रहे हैं कि जामिया में म्युनिस्पिल्टी क्यों नहीं? म्युनिस्पिल्टी के बिना आबादी कैसे हो सकती है? उस्तादों की भी यही राय है। छटी जमात के क्लास

टीचर हफ़ीज साहब तो बहुत जोश में हैं। उन्होंने अपने क्लास की लड़कों की कई टीमें बना दी है। एक टीम जामिया नगर की ज़मीन को नापने का काम कर रही है, दूसरी टीम आबादी के आँकड़े तैयार कर रही है, तीसरी टीम म्युनिस्पिल्टी के मतदाताओं की सूची बना रही है, म्युनिस्पिल्टी चुनाव की तैयारियाँ हो रही हैं। ये ऐलान किया जा रहा है इलेक्शन में खड़े होने वाले उम्मेद्वार अपना नाम इलेक्शन कमेटी को दे दें। पोलिंग स्टेशन बन गये हैं।

इलेक्शन के बाद म्युनिस्पिल्टी का गठन हो गया है। सफाई और रौशनी का पूरा इन्तज़ाम म्युनिस्पिल्टी ने ले लिया है। रास्तों और सड़कों की देखभाल और निगरानी भी म्युनिस्पिल्टी कर रही है। नियम कानून बना दिये गये हैं। एक नियम यह भी है कि म्युनिस्पिल्टी लिमिट के अन्दर कोई खुले में पेशाब नहीं कर सकता। इस नियम को कड़ाई से पालन किया जा रहा है अभी कल ही दो लड़कों को म्युनिस्पिल्टी लिमिट के अन्दर पेशाब करने के जुर्म में पकड़ा गया है उन पर मुक़दमा चल रहा है।

जामिया नगर नजदीक ओखला गाँव है जहाँ घोसियों की बड़ी आबादी है। ओखला की बाएँ तरफ़ 'जोगा बाई' नाम का गाँव है। जामिया वालों ने इन दोनों गाँवों को एडाप्ट *(गोद)* कर लिया है। गोद लिए बच्चों की पहली ज़रूरत शिक्षा है। इसलिए दोनों गाँवों में प्राइमरी स्कूल खोलने के प्रोजक्ट शुरु हो गये हैं। ओखला में तो इसी साल से स्कूल शुरु कर दिया गया है। 'जोगा बाई' में अगले साल से शुरु होना है।

जामिया के टीचरों और गाँव वालों में अच्छी दोस्ती हो गयी है। गाँव के छोटे से बाज़ार में जहाँ सिर्फ एक दो दुकानें थी वहाँ दूसरी दुकानें खुलवायी जा रही हैं। कोशिश यही है कि गाँव वालों को किसी काम से बाहर न जाने पड़े। एक दुकान बढ़ई की है और एक लोहार की, एक में रुई धुलने और रज़ाई भरने का काम होता है। उसके बराबर में रंग रेज़ की दुकान है। कुम्हार और धोबी तो गाँव में पहले से ही थे। उनके काम को और बढ़ावा मिल गया है। गाँव में रात

के स्कूल की भी शुरुआत हो गयी है। टीचर्स कॉलेज के उस्ताद नूर मोहम्मद साहब को ग्राम सुधार कामों में बड़ी दिलचस्पी है। कॉलेज के काम के बाद वे गाँवों की चौपाल पर आ कर बैठ जाते हैं और शाम ढले तक दुनिया ज़माने की बातें होती रहती। कॉलेज के एक नये टीचर पण्डित तुलाराम भी नूर मोहम्मद साहब के साथ इन कामों में बहुत आगे–आगे हैं।

ज़ेल से छूटकर आने वालों का स्वागत करने की परम्परा जामिया में बहुत पुरानी है। लेकिन आज ज़ेल से छूटकर आने वाले जिस हस्ती का स्वागत किया जा रहा है उनका सम्बन्ध राष्ट्रीय आन्दोलन से नहीं है न तो उन्होंने कोई कानून तोड़ा है और न उन पर कोई और आरोप है। उनका जुर्म यह है कि वे जर्मन मूल की हैं।

'ग्रैंड फिलिप्स बोर्न' जामिया में नर्सरी शिक्षा की संस्थापक को दूसरा विश्व युद्ध शुरु होने के बाद गिरफ़्तार कर लिया गया था। यह जामिया वालों के लिए एक बहुत बड़ा सद्‌मा था। क्योंकि मिस फिलिप्स जिन्हें जामिया बिरादरी आपा जान के नाम से जानती है बहुत लोकप्रिय रही हैं। वे बीमार बच्चों का इलाज़ करने में रात–दिन एक कर देती थीं बहुत कम तन्ख़्वाह लेती थी। उन्हें एक जर्मन फर्म से टाईप करने कर कुछ काम मिलता था जिसका मेहताना भी वह जामिया के बच्चों पर खर्च कर देती थी।

अहमद नगर किले में नज़र बन्दी की सज़ा काटकर अब वे जामिया आ गयी हैं। उन्होंने अपना काम नये सिरे से फिर शुरु कर दिया। उन्होंने जामिया की पत्रिका 'पयामे तालीम' में 'पयामे बिरादरी के नाम' से एक ग्रुप शुरु किया। जिसका उद्देश्य बच्चों की देखभाल, पढ़ाई–लिखाई, खेल–कूद के सम्बन्ध में सुझाव देना है। इस बिरादरी का काम बहुत फैल गया है। मुल्क के दूसरे शूबों *(राज्य)* में भी इसकी शाखाएँ हैं। इस ग्रुप के कुछ बच्चे दूसरे देशों के बच्चों के साथ भी चिट्ठी–पत्री द्वारा सम्पर्क बनाते हैं।

आपा जान और जामिया नगर की दूसरी महिलाओं ने मिलकर

'अनजुमने ख़वातीन' मतलब महिलाओं का एक संगठन बना लिया। अब जामिया के हर प्रोग्राम में महिलाओं की मीटिंग होना लगभग अनिवार्य हो गया।

सन् 1944

फरीदाबाद दिल्ली के पास एक छोटा–सा कस्बा है। फरीदाबाद ने एक जाने–माने कवि रहते हैं जिनका नाम मुत्तलबी फरीदाबादी है। वे किसानों के लिए कविताएँ लिखते हैं। उनके गीत किसान जीवन के अलग–अलग रंगों को सामने लाते हैं। उनका गीत 'हहया–हहया' बहुत पसन्द किया जाता है। मुत्तलबी फरीदाबादी ने डॉक्टर ज़ाकिर हुसैन को एक चिट्ठी लिखी है। उन्होंने अपने चिट्ठी में लिखा है कि फरीदाबाद के बहुत से मेवाती नौजवान पढ़ाई करना चाहते हैं। लेकिन उनके लिए न तो पढ़ाई का कोई इन्तज़ाम है और न कोई पाठ्यक्रम है और न किताबें हैं।

जामिया में प्रौढ़ शिक्षा का काम तो पाँच साल से चल रहा है। लेकिन यह केवल रात की कक्षाओं तक सीमित है। और यह काम अनपढ़ बच्चों और बड़ों को पढ़ाने तक सीमित है। मुत्तलबी फरीदाबादी की चिट्ठी में शिक्षा और विकास के बारे में सोचने के सम्बन्ध में कुछ और सवाल खड़े कर दिये हैं। अब तालिम–ओ–तरक्की *(शिक्षा और विकास)* के विभाग ने एक नया ऐजेंडा बनाया है। इसके अन्तर्गत प्रौढ़ शिक्षा का एक नया पाठ्यक्रम तैयार हुआ है। प्रौढ़ शिक्षा के लिए शिक्षा सम्बन्धी दूसरा सामान तैयार किया जा रहा है। कार्यकत्ताओं को ट्रेनिंग दी जा रही है। प्रौढ़ छात्रों के लिए किताबें तैयार हो रही हैं। एक म्युज़ियम बनाया जा रहा है। गाँव में शिक्षा केन्द्र खोले जा रहे हैं और पहला शिक्षा केन्द्र करोलबाग़ की बस्ती में खोला गया है। जिसमें रात के क्लास के अलावा प्रतिदिन एक वाल्ब पेपर लगाया जाता है। जिसमें प्रौढ़ों के लिए रचनाएँ और जानकारियाँ होती हैं। नक्शों और तस्वीरों की प्रदर्शनी लगती है एक चलता–फिरता पुस्तकालय भी बनाया गया है। ये पुस्तकालय किताबें पढ़ने वालों के घरों के सामने जाकर

खड़ा हो जाता है और किताबें वापस ली जाती हैं और दी जाती हैं। कुछ पुस्तकाएँ मुफ्त दी जाती हैं और रेडियो सुनने का विशेष प्रबन्ध किया गया है। सारे गाँव व कस्बों के लोग रेडियो सुनने शिक्षा केन्द्र जमा हो जाते हैं और न सिर्फ रेडियो सुना जाता है बल्कि उस पर बातचीत भी होती है। कभी–कभी रात में ड्रामे होते हैं।

सन् 1945

आजकल पढ़ाई खत्म होने के बाद जामिया के उस्ताद और लड़के फावडे और कुदाले और झव्वे लेकर निकल जाते हैं। मथुरा रोड से जो सड़क जामिया तक आती है उसकी लम्बाई कोई एक मील के करीब है। यह एक कच्ची सड़क है जो बेहद खराब है। जगह–जगह गहरे गड्ढे हैं और कहीं–कहीं बहुत उबड़–खाबड़ है। इस सड़क को ठीक किये जाना। आजकल जामिया के लोगों का सबसे महत्त्वपूर्ण काम है। सड़के को बनाने के लिए किसी सरकारी विभाग से सम्पर्क करने और उनकी दया पर निर्भर रहने के बजाए जामिया वालों ने यह काम अपने ऊपर ले लिया है। यह काम जल्दी–से–जल्दी पूरा होना है क्योंकि इसी साल जामिया अपनी स्थापना के 25वॉ साल पूरे कर रही है और बड़े पैमाने पर समारोह आयोजित किया जायेगा।

बड़े लड़के फावड़ा और कुदाले चलाते छोटे लड़के कंकड़–पत्थर बीनते। उस्ताद साथ–साथ लगे रहते हैं। बूढ़े उस्ताद सिर्फ दिशा निर्देश देते हैं लेकिन जवान उस्ताद आस्तिनें चढ़ाकर मिट्टी डालने के काम में भी शामिल हो जाते हैं। झाड–झंकार साफ़ करने के लिए कुलाड़िया चलती रहती हैं और कुदालों से जड़ें तक निकाल दी जाती हैं। लड़कों की एक टोली खाने–पीने के काम पर तैनात रहती है। बाल्टियों में ताज़ा पानी और गुड़–चना लिये ये लड़के थके हुए 'मज़दूरों' की सेवा करते हैं।

जामिया की ईमारतें बिखरी हुई हैं। मथुरा रोड से निकलने वाली कच्ची सड़क पर सबसे पहले जामिया कॉलेज की ईमारतें और हॉस्टल

है। उसके बाद स्कूल की ईमारत है और फिर यमुना के बिल्कुल किनारे उस्तादों के मदरसे की ईमारतें हैं। इन ईमारतों के बीच भी कच्चे रास्तों को ठीक करने का काम जामिया के लड़कों ने शुरु कर दिया है। सफाई और सादगी वो सिद्धान्त है जिनके अन्तर्गत पूरे कैंपस को नया रूप दिया जा रहा है।

सन् 1947

चारों तरफ़ आग लगी हुई है। ऐसी भयानक मार–काट हो रही है जैसे पहले कभी नहीं हुई है। चारों तरफ़ से सिर्फ दंगों की भयानक ख़बरें आ रही हैं। रास्ते बन्द हैं कहीं आना–जाना बहुत खतरनाक है। जामिया के हॉस्टल में कुछ लड़के और उस्ताद रह गये हैं। वे समय से बाहर नहीं निकल पाये और इन हालात में अब कहीं जा भी नहीं सकते हैं। ऐसे हालात में न तो पढ़ाई–लिखाई हो सकती है और न कोई रचनात्मक सब चिन्ता और निराशा में डूबे हुए हैं। किसी को कुछ पता नहीं कल क्या हो जायेगा। बाज़ारें बन्द हैं जो आसपास से मिल जाता है उसी को खा–पी कर गुज़ारा किया जा रहा है। किसी को कुछ नहीं मालूम आगे क्या होगा?

एक दिन सुबह–ही–सुबह भयानक ख़बर यह मिली कि करोलबाग़ में जामिया के कम्युनिटी सेंटर पर दंगाईयों ने हमला कर दिया है। किताबें और फ़र्नीचरों में आग लगा दी है। सेंटर के इंचार्ज शफीक साहब बड़ी मुश्किल से जान बचाकर भागे हैं और अपने भाई रफी अहमद किदवई के यहाँ आ गये हैं। डर उलझन और परेशानी में रात–दिन कट रहे हैं। सुबह–सुबह पता नहीं ज़ाकिर साहब के मन में क्या आया कि अपने घर से निकलकर हॉस्टल आ गये। यहाँ लड़के और उस्ताद रह रहे हैं।

एक उस्ताद ने कहा–"सबसे बड़ी परेशानी यह है कि अब हम करें क्या? पढ़ने–पढ़ाने में दिल नहीं लगता। बाहर जाना नामुमकिन है। अब वक़्त कटे तो कैसे कटे?"

ज़ाकिर साहब ने जवाब दिया–"सामने गुलाब की क्यारियाँ हैं। पौधे

सूख रहे हैं। घास–फुस भी उग आयी है। क्यारियों की निराई–गुड़ाई कीजिए। पौधों में पानी दीजिए। अच्छे फूल आयेंगे।"

किसी ने कहा–"यहाँ तो जान पर ख़तरा है। पता नहीं कल ज़िन्दा रहेंगे भी या नहीं। ज़िन्दा रहे भी यहाँ रह पायेंगे भी नहीं... कुछ पता नहीं।"

ज़ाकिर साहब ने कहा–"आप न रहेंगे तो यहाँ आपकी जगह दूसरे लोग रहेंगे। वे लोग क्यारियों में खिले अच्छे गुलाब देखकर आसानी से ये अन्दाजा लगा लेंगे कि यहाँ रहने वाले लोग अच्छे लोग थे। जिन्होंने मुश्किल वक़्त में भी गुलाब के क्यारियों का ख्याल रखा था।"

भयानक और दिल हिला देने वाली ख़बरों का सिलसिला जारी था कि इतने में यह ख़बर ये मिली कि देहरादून में दंगाईयों ने शफ़ी अहमद किदवई की हत्या कर दी। वे दंगा पीड़ितों को राहत देने की कोशिश कर रहे थे। लेकिन उनकी बात नहीं मानी गयी और उन्हें क़त्ल कर दिया गया है। जामिया के सभी उस्ताद और लड़के शफी साहब को अच्छी तरह से जानते थे। क्योंकि शफीक साहब के साथ वे अक्सर जामिया आया करते थे। इस दिल हिला देने वाली ख़बर ने सबको बेहद दुःखी कर दिया।

शफ़ी अहमद किदवई की पत्नी बेग़म अनीस किदवई ने अपनी किताब 'आज़ादी की छाव में' लिखा है कि अपने पति की हत्या के बाद वे गांधी जी के पास ये पूछने गयीं थी कि अब वे क्या करें? उन्हीं के शब्दों में–"बिड़ला हाउस में आदमियों की भीड़ थी। गैलरियों में बेशुमार लोग भी जा रहे थे। हर तरफ़ चहल–पहल थी। लेकिन बापू के कमरे में एक गम्भीर शान्ति छाई हुई थी। यह अमन और सच्चाई का देवता सफेद खद्दर पहने लकड़ी के तख़्त पर बैठा था जिस पर दूध–जैसी सफेद चादर बिछी थी। करीब ही आभा और मन्नू वग़ैरह थीं। मैंने सम्भलने की बहुतेरी कोशिश की, मगर बेकार। उनके देखते ही मेरा ज़ब्त का बाँध टूट गया और मैं बेकरार हो गयी जैसे कोई मुसीबतजदा *(मुसीबत के मारे)* लड़की अपनी माँ को देखकर फूट पड़े।

आँसू थे कि उमड़े चले जा रहे थे। मुँह से एक लफ्ज तक न कह सकी। आवाज़ निकलती ही न थी।

गांधी जी ख़ुद ही बोले, "मैं समझ गया। उन्हीं के लिए तो मुझे सुबह से तैयार किया गया था। आओ बैठो।"

उनके चेहरे पर पुरसुकून *(शान्त)* मुस्कराहट थी। पास ही छोटी–सी चौकी पर शायद दलिया और कोई कच्ची तरकारी रखी थी जिसे वह आहिस्ता–आहिस्ता खा रहे थे और उतने ही आहिस्ता–आहिस्ता बोल रहे थे। कहने लगे–

"रो नहीं। उनके लिए क्या रोना? वे मरे थोड़े ही हैं, जीवित हैं। वे तो अपना काम करते हुए शहीद हुए। ऐसी मौत किसे नसीब होती है? और ऐसे लोग मरते कब हैं? यह मौत तो किसी ख़ुशक़िस्मत ही को मिलती है।"

मैंने कहा, "बापू, कायदे के मुताबिक तो मुझे अभी कई महीने घर से नहीं निकलना चाहिए था। लेकिन मैं सारे बन्धन और सीमाएँ तोड़कर इसलिए जल्दी आपके पास चली आयी कि कहीं आप पाकिस्तान न चले जाएँ। बापू, मैं भी उसी तरह सेवा करते हुए और काम करते हुए मरना चाहती हूँ जिस तरह शफी साहब ने जान दी। मेरी बेकार ज़िन्दगी को भी किसी मसरफ *(उपयोगी)* का बना दीजिए।"

मुस्कराए और कहा, "मैं कैसे जा सकता हूँ, यहाँ तो अभी बहुत काम पड़ा है। कलकत्ता तो दिल्ली के सामने एक खेल था, खिलौना। और जब तक यह सब ख़त्म न हो ले, जब तक हरेक मुसलमान बच्चा पहले की तरह बाहर न फिरने लगे मैं कैसे जा सकता हूँ? इन दिनों तो लोग बस पागल हो रहे हैं।"

थोड़ी देर के बाद बापू ने मुझसे कहा, "सुशीला के पास चली जा। वह वहाँ मुस्लिम कैंप में कुछ करती है, वह बताएगी। सेवा करना तो अच्छी बात है। उससे मिल लो और फिर आना। रोने की बात नहीं, सेवा करो और ख़ुश रहो।"

हॉस्टल के सामने दो गाड़ियाँ आकर रुकी जिनमें एक पुलिस की

गाड़ी थी सिपाही कूद–कूद कर नीचे उतर आये और दूसरी काले रंग की कार थी जिसमें पहले ज़ाकिर साहब उतरे फिर सुभद्रा जोशी उतरी उसके बाद मृदुला साराबाई बाहर आयीं और सबसे आख़िर में और एक महिला निकली जिन्हें लोग नहीं पहचान पाये।

सब लोग हॉल में आकर बैठ गये। ज़ाकिर साहब ने बोलना शुरु किया–शफी अहमद की कुर्बानी के बाद महात्मा गांधी ने उनकी बेग़म अनीस किदवई को यह राय दी है कि वो शरणार्थियों और दंगा पीड़ितों की सेवा करें। लाखों की तादाद में पाकिस्तान से जो शरणार्थी आ गये हैं उनकी मदद करना हम सबका फर्ज़ है।" सुभद्रा जोशी जी ने कहा कि युवा लोगों के मदद के बग़ैर शरणार्थी की उतनी मदद नहीं की जा सकती जितनी ज़रूरी है। क्योंकि सरकार के पास लोगों की कमी है। इसलिए जामिया के उस्ताद और लड़के बाहर निकले और शरणार्थियों के कैंपों के इन्तज़ाम में हाथ बँटाएँ। बेग़म अनीस किदवई ज़्यादा नहीं बोली लेकिन उनको देखने से यह लगता था कि उन्होंने अपने दुःख के ऊपर एक बड़े दुःख को तरजीह दे दी है।

पहाड़ गंज के सभी मुसलमान दंगों के बाद कैम्पों में आ गये हैं या पाकिस्तान चले गये हैं। उन घरों में उधर से आये शरणार्थी रह रहे हैं। शहर में अब भी तनाव है हिंसा और आग जनी की घटनाएँ घटती रहती हैं। बाहर निकलने और वो भी अकेले–दुकेले बाहर निकले की कोई हिम्मत नहीं करता। शफ़ीक साहब भी पहाड़ गंज का मकान छोड़कर जामिया आ गये हैं। उनके मकान को पहले दंगाईयों ने लूट लिया था और उनके बाद वहाँ कोई शरणार्थी परिवार आ गया है।

एक दिन शफ़ीक साहब के मन में पता नहीं क्या आयी कि किसी को बताए बिना अकेले वे पहाड़ गंज पहुँच गये। इन्हें वहाँ अकेले देख कर लोगों को बड़ी हैरत हुई। वे अपनी गली में पहुँचे तो इधर–उधर से लोग जमा हो गये। कुछ लोगों ने सोचा कि शायद ये अपने घर पर कब्ज़ा लेने आये हैं। कुछ ने सोचा कि हो सकता है अपना कोई सामान लेने आये हैं। शफ़ीक साहब ने अपने घर की ज़ंजीर बजा

दी। अन्दर से एक सरदार जी निकले उनको पता चला कि ये मकान मालिक हैं। सरदार जी गुस्से में आ गये, मरने मारने पर आमादा हो गये। दूसरे लोग भी शफ़ीक साहब को मारने पिटने के लिए तैयार हो गये। शफ़ीक साहब ने उन सबसे कहा कि मैं मकान पर कब्ज़ा करने या अपना कोई सामान या माल–वाल लेने नहीं आया हूँ। मैं तो सिर्फ यह बताने आया हूँ कि मकान में बाएँ तरफ़ जो बरामदा है उसकी छत बहुत कमज़ोर है। उसकी धन्नियों में दीमक लग सकती है और वो बिल्कुल खोखली हो गयी हैं। उसकी छत किसी भी वक़्त गिर सकती है इसलिए आप लोग वहाँ न उठा–बैठा करें।"

बेग़म अनीस किदवई ने 'आज़ादी की छाँव में' शरणार्थियों और दंगा पीड़ितों के कैम्पों में जामिया के छात्रों की कारकर्दगी के बारे में लिखा है–
...फिर जामिया के छात्र थे। वे एक दूसरा कैम्प भी सम्भाले हुए थे। यहाँ भी आते और मेहनत मज़दूरी की ज़्यादा बातचीत करे बिना हर क़िस्म का काम करते रहते। ...जामिया के वालेंटियरों ने उसका *(हुमायूँ मकबरे का शरणार्थी कैम्प)* इन्तजाम सम्भाल लिया और उसकी ज़रूरतें हिन्दुस्तानी सरकार पूरा करती थी। यहाँ दो अमली न थी, न हिन्दुस्तान पाकिस्तान का झगड़ा था ...सफाई–सुथराई भी काफी थी। सबके पास खेमे थे। अस्पताल के दो साफ़–सुथरे खेमे जुदा थे--मर्दाना अलग, जनाना अलग। डॉक्टर के बैठने का ठिकाना और मरीजों की रिहाइश इन दोनों में काफी फासला था। नर्सें और दाइयाँ भी थीं। पीछे की तरफ़ परदे की जगह देखकर नालियाँ खोदी गयी थीं और ज़रूरतों से निपटने के लिए एक ही बार में कई आदमी आबादी से थोड़े फासले पर आ–जा सकते थे। खेमे भी तरतीब *(व्यवस्था)* से लगे थे। बावर्चीखाना अस्पताल से बहुत दूर था और गोदाम फाटक में था। किसी को लेकर खाने की इजाज़त न थी। पका हुआ खाना सिर्फ अस्पताल के मरीज़ों और अपाहिज बूढ़ों को मिलता था। नवम्बर में यहाँ जख़्मी कम थे और मरीज़ ज़्यादा। जो टोला दिल्ली के फ़सादज़दा मुहल्लों से लुटकर और तबाह होकर आया था वह अब

पाकिस्तान और यू.पी. के ज़िलों में बिख़र चुका था। उनमें कुछ लोग अब भी बाक़ी थे। ग़रीबों की तादाद ज़्यादा थी और अमीरों की कम। पुराने किले में ऐसे लोग भी थे जो अपना लाखों रुपया सम्भाले ट्रेन या हवाई जहाज के इन्तज़ार में तैयार बैठे थे। मगर यहाँ इस वक़्त बहुतेरे ऐसे लोग थे जिनके समझ में ही न आता था कि कहाँ जाये और क्या करें? अगरचे यह यकीन दोनों जगह यकसा *(एकसा)* था कि इण्डियन गवर्नमेंट उनको निकाल रही है.....यहाँ बिगड़े दिल कम थे और इबादत *(पूजा)* करने वाले ज़्यादा। ईंटों और लकड़ियों से हदबन्दी कर के जगह–जगह नमाज़ के लिए साफ़ जगह बना ली गयी थी और अक्सर सुबह के वक़्त खेमों में औरतें कुरान–ए–पाक पढ़ती नज़र आती थीं...दोनों *(कैम्पों)* में इतना जबरदस्त फ़र्क़ क्यों था? क्या यह डॉ. ज़ाकिर हुसैन और उनके साथियों की निष्ठा का असर था? या नमाज़ और कलमें की सीख का? गवर्नमेंट इस कैंप के लिए ज़्यादा दानशील हो गयी थी या कार्यकर्त्ता निःस्वार्थ सेवा करने वाले थे? मैं यह अक्सर सोचा करती हूँ...डॉ. ज़ाकिर हुसैन से पहली बार बकरीद के दिन यहीं मुलाकात हुई और उनके ढाले हुए इन्सानी नमूने यानी विद्यार्थी मैंने यहीं देखे।"

■■■

जामिया का तराना

जामिया का ताराना मोहम्मद ख़लीक़ सिद्दक़ी साहब ने लिखा था जो जामिया के एक अध्यापक थे। ख़लीक़ साहब घोषित कवि न थे, पर उर्दू शायरी में उनकी गम्भीर रूचि थी। मुझे याद है एक बार फ़ैज़ अहमद फैज़ का नया कविता–संग्रह 'सरे–वादिए–सीना' उन्होंने मेरे पास देख लिया था और सिर्फ़ एक घण्टे के लिए किताब माँगी थी। एक घण्टे में उन्होंने पूरा संग्रह पढ़ कर मुझे वापस कर दिया था। ख़लीक़ साहब ने जामिया के तराने के अलावा और भी ज़रूर कुछ लिखा होगा। जिसकी जानकारी मुझे नहीं है। लेकिन इतना तय है कि वे एक परिपक्व शायर थे। क्योंकि उनका लिखा तराना मेरे ख्याल से अलीगढ़ मुस्लिम विश्वविद्यालय के तराने से बहुत अच्छा है जो उर्दू के बहुत प्रसिद्ध कवि मजाज़ ने लिखा था। जामिया के तराने को समझना उन लोगों के लिए कुछ मुश्किल होगा जो उर्दू कविता की परम्परा से परिचित नहीं हैं। हालाँकि तराने में आये कठिन शब्दों का अर्थ उसके नीचे दे दिया गया है। लेकिन फिर भी उर्दू कविता के प्रतीकों को न जानने वालों के लिए उसे समझना कठिन ही होगा। इसलिए तराने के हर शेर के बारे में अलग से लिखना आवश्यक है। नीचे तराना और कठिन शब्दों का अर्थ दिया जा रहा है। इसके बाद तराने की व्याख्या करने का प्रयास किया है।

दयारे[1]–शौक मेरा, दयारे–शौक मेरा

शहरे–आरजू[2] मेरा, शहरे आरजू मेरा

हुए थे आ के यहीं ख़ेमाज़न[3] वो दीवाने
उठे थे सुनके जो आवाज़े रहबराने–वतन[4]

यही से शौक की बेरप्तियों[5] को रप्त[6] मिला
इसी ने होश[7] को बख़्शा[8] जुनू[9] का पैराहन[10]

यहीं से लाल–ए–सहरा[11] को ये सुराग[12] मिला
के दिल के दाग़[13] को किस तरह रखते हैं रौशन

दयारे शौक मेरा, शहर आरजू मेरा

ये अहले शौक[14] के बस्ती ये सिरफिरों का दयार[15]
यहाँ की सुबह निराली, यहाँ की शाम नयी

यहाँ के रस्मे–राहे आशिक़ी[16] जुदा[17] सबसे
यहाँ के जाम नये, तरह–रक़्से[18] जाम नयी

यहाँ पे तश्नालबी[19] मैकशी[20] का हासिल है
ये बज़्मे[21] दिल है यहाँ की सलाहे–आम[22] नयी

दयारे शौक मेरा, शहर आरजू मेरा

यहाँ पे शम्अ ए–हिदायत[23] है सिर्फ अपना ज़मीर[24]
यहाँ पे क़िब्ल–ए–ईमॉन[25] काब–ए–दिल[26] है

सफ़र है दीन[27] यहाँ, कुफ्र[28] है क़याम[29] यहाँ
यहाँ पे राहरवी[30] खुद हुसूल–ए–मंजिल[31] है

सनावरी[32] का तकाज़ा[33] है नौ–ब–नौ[34] तूफ़ान
किनारे मौज में आसूदगी–ए[35] साहिल[36] है
दयारे[37] शौक मेरा, शहर आरजू मेरा।

शब्दार्थ

1. घर
2. आशा
3. टैन्ट लगाये गये *(जामिया की स्थापना टैन्टों में की गयी थी।)*
4. देश के नेता
5. असंगतियों
6. संगति
7. जाग्रति
8. दिया
9. उन्माद *(प्रेमोन्माद, मोहब्बत का पागलपन)*
10. पोशाक
11. रेगिस्तान के लाल फूल
12. गुप्त जानकारी
13. दिल के दाग़ से तात्पर्य प्रेम के निशान है।
14. शौक वाले
15. घर
16. प्रेम करने का ढंग
17. अलग
18. नृत्य के प्रकार
19. प्यास
20. शराब पीना, *(प्रतीक रूप में इसका अर्थ तृप्ति है)*
21. महफिल *(सभा)*
22. सबकी भलाई
23. निर्देश देने वाली शम्आ
24. अन्तरात्मा
25. धर्म का केन्द्रीय बिन्दु
26. दिल रूपी काबा
27. सफ़र है दीन यहाँ का अर्थ है–यात्रा, गति, निरन्तर विकास
28. अधर्म,
29. रूक जाना, गतिहीन हो जाना
30. रास्ते से भटक जाना
31. मंजिल *(लक्ष्य)* पर पहुँचना
32. डूबकियाँ लगाना
33. माँग
34. नये से नये
35. गले मिलना
36. तृप्ति
37. किनारा

दयारे[1]–शौक मेरा, दयारे–शौक मेरा
शहरे–आरज़ू[2] मेरा, शहरे आरज़ू मेरा

(दयारे शौक और शहरे आरज़ू से अभिप्राय जामिया है। कवि कहना चाहता है कि उसकी अभिरुचियों और आंकाक्षाओं का घर जामिया है।)

हुए थे आ के यहीं खे़माज़न[3] वो दीवाने
उठे थे सुनके जो आवाज़े रहबराने–वतन[4]

(इन पंक्तियों में जामिया के इतिहास और स्थापना की ओर संकेत किया गया है। देश के नेताओं के आवाह्न पर अलीगढ़ मुस्लिम विश्वविद्यालय का बहिष्कार करने के बाद कुछ छात्रों ने जामिया की अलग स्थापना की थी और उन्होंने बाहर निकल कर टैन्ट लगाकर नया विश्वविद्यालय शुरू किया था। इस शे'र में इसी घटना की ओर संकेत किया गया है।)

यही से शौक की बेरप्तियों[5] को रप्त[6] मिला
इसी ने होश[7] को बख़्शा[8] जुनू[9] का पैराहन[10]

(जामिया वही जगह है जहाँ रुचियों की अनियमता को एक प्रकार की दिशा अर्थात् नियम मिला। मतलब यह कि जीवन में जो भी बिखराव था उसे एक दिशा मिली। उर्दू कविता की परम्परा में होश और जुनू दो ऐसे प्रतीक हैं। होश से तात्पर्य होशियारी, समझदारी और अक्कल मंदी है। यह माना जाता है कि केवल होश जीवन के लिए पर्याप्त नहीं है। होश में जब तक जुनू अर्थात् उन्माद शामिल नहीं होगा उस समय तक मनुष्य में पूर्णता नहीं आयेगी। कबीर ने इसे अपने शब्दों में इस तरह लिखा है–हमन हैं इश्क़ मस्ताना, हमन को होशियारी क्या?)

यहीं से लाल–ए–सहरा[11] को ये सुराग[12] मिला
के दिल के दाग़[13] को किस तरह रखते हैं रौशन

(इन पंक्तियों में अभिप्राय यह है कि जामिया वाले जिस तरह अपने दिल के दाग़ को रौशन रखते हैं। मतलब अपनी विपदाओं और कष्टों से हतोउत्साहित नहीं होते बल्कि उनसे जीवन जीने का सलीका सीखते हैं। अपने दिल के दाग़ को लाल रखते हैं। अपने दुःखों और कष्टों के महत्त्व को समझना कविता का एक विषय रहा है। हिन्दी कवि अज्ञेय की प्रसिद्ध पंक्ति है–'दुःख हमें मांझता है'। शे'र के दूसरे मिसरे में यह इशारा किया गया है कि जामिया वालों की इस प्रवृत्ति से रेगिस्तान में खिलने वाले लाल फूल ने अपनी लाली को बनाये रखना सीखा है।)

ये अहले शौक[14] के बस्ती ये सिरफिरों का दयार[15]
यहाँ की सुबह निराली, यहाँ की शाम नयी

(जामिया की स्थापना और निरन्तर अभाव और कष्टों में उसे चलाने वालों के लिए एक शब्द का प्रयोग किया जाता था। यह शब्द था सिरफिरा। मतलब यह कि जामिया वालों को सामान्य समझ के लोग नहीं माना जाता था। इस बात पर आश्चर्य व्यक्त किया जाता था कि ये कैसे लोग हैं जो अपने उत्साह लगन और प्रतिबद्धता में हर तरह के दुःख ख़ुशी–ख़ुशी उठा रहे हैं। निश्चित रूप से वे सामान्य लोग नहीं हैं, वे सिरफिरे हैं। शे'र के पहले मिसरे में यही संकेत है कि यह शौक की बस्ती सिरफिरे लोगों की बस्ती है। दूसरे मिसरे में जामिया के नयेपन प्रयोग धर्मिता और लीक से हटकर चलने की परम्परा की ओर संकेत किया गया है। जामिया का इतिहास हमें बताता कि संघर्ष के दिनों में एक–एक अध्यापक के ऊपर इतने कामों की ज़िम्मेदारी रहती थी कि उन्हें रात–दिन काम करना पड़ता था। मतलब यह कि उनके लिए रात और दिन में कोई अन्तर न था।)

यहाँ के रस्मे–राहे आशिक़ी[16] जुदा[17] सबसे
यहाँ के जाम नये, तरह–रक़्से[18] जाम नयी

(उर्दू कविता में इश्क़ और आशिक़ी का प्रयोग बहुत गूढ़ अर्थों में किया जाता है। कहीं इसमें आध्यामिक्ता का पुट होता है और कहीं इसमें सत्य (हक) का आभास मिलता है। कहीं–कहीं इसका प्रयोग सांसारिक प्रेम के लिए भी किया जाता है। मतलब यह है कि उर्दू कविता में इस शब्द का कोई एक अर्थ नहीं है। इस शे'र की पहली पंक्ति में कहा जा रहा है कि जामिया का इश्क़ करने का रास्ता अलग रास्ता है। मतलब ये कि यहाँ के मूल्य और जीवन दर्शन अलग हैं। यह कोई सामान्य रास्ता नहीं हैं। यह रास्ता दूसरे सभी रास्तों से अलग है यही वजह है कि यहाँ के रात और दिन अलग हैं। दूसरी पंक्ति में जामिया के नयेपन को बताने के लिए कवि ने जाम और रक़्से जाम का प्रयोग किया है। जाम भी उर्दू कविता में एक प्रतीक है। इस पंक्ति में जाम से अभिप्राय जीवन और विचार है। कहा जा रहा है कि जामिया में नगे विचार और नया जीवन है जिसकी गति भी नयी है।)

यहाँ पे तश्नालबी[19] मैकशी[20] का हासिल है
ये बज़्मे[21] दिल है यहाँ की सलाहे–आम[22] नयी

(इस जगह अभाव पूर्ति का पर्याय है। यहाँ पर प्यास का मतलब पानी है। तश्नालबी का मतलब है कि ऐसे होंठ जो पानी के लिए तरस गये हों और मैकशी का शाब्दिक अर्थ शराब पीना है। लेकिन इस शे'र में मैकशी का मतलब पूर्ति है। यह सहृदय लोगों की सभा है जो सबकी भलाई के लिए है।)

यहाँ पे शम्अ–ए–हिदायत[23] है सिर्फ अपना ज़मीर[24]
यहाँ पे क़िब्ल–ए–ईमॉन[25] काब–ए–दिल[26] है

यहाँ केवल अपनी अन्तर आत्मा ही निर्देश देती है। यहाँ ईमान का किब्ला *(केन्द्र)* अपना हृदय है। उर्दू कविता में किब्ला *(वह दिशा जिधर काबा है और जिस ओर मुँह करके नमाज़ पढ़ी जाती है।)* और काबा *(इस्लाम का पवित्र केन्द्र जो सऊदी अरब में है।)* के सम्बन्ध में

बहुत लिखा गया है और उसकी महत्ता को कई प्रकार से आँका गया है। मीर तकी मीर और ग़ालिब की शायरी में इसे देखा जा सकता है। यह उर्दू शायरी की सूफी परम्परा के अन्तर्गत माना जाता है।)

सफ़र है दीन[27] यहाँ, कुफ्र[28] है क़याम[29] यहाँ
यहाँ पे राहरवी[30] खुद हुसूल–ए–मंजिल[31] है

(इस शेर में भी पारम्परिक इस्लामी प्रतीकों के समानान्तर मानवीय गरिमा को स्थापित किया गया है। कहा गया है कि यहाँ दीन का अर्थ यात्रा करना है। यात्रा करने से अभिप्राय निरन्तर खोज करना है। यहाँ कुफ्र का अर्थात् अर्धम का अर्थ रूक जाना है, ठहर जाना है, गतिहीन हो जाना है। मतलब यह है कि यहाँ कुफ्र का अर्थ वह अर्थ नहीं है जो इस्लाम धर्म में बताया गया है। यहाँ भटक जाना मंज़िल पर पहुँच जाने के बराबर है। भटकाव के महत्त्व को रेखांकित किया गया है इसलिए कि जो 'यात्रा' करता है। वह भटक भी सकता है। भटकाव से डरने वाले 'यात्रा' भी नहीं करते हैं। इसलिए भटकाव के महत्त्व को बताया गया।)

सनावरी[32] का तकाज़ा[33] है नौ–ब–नौ[34] तूफ़ान
किनार[35] मौज में आसूदगी–ए[36] साहिल[37] है
दयारे शौक मेरा, शहर आरज़ू मेरा।

(पानी में डुबकियाँ लगाना तो उसी समय सार्थक होता है जब समुद्र में नये–नये तूफ़ान उठ रहे हो। समुद्र की लहरों से गले मिलने में ही तृप्ति का अनुभव होता है। इस बिम्ब के माध्यम से कहा गया है कि कठिनाइयों में काम करना दरअसल वास्तव में काम करना है।)

■■■